Rezensionsexemplar

Bitte beachten Sie die Sperrfrist
für die Berichterstattung bis
1. März 2014. Vielen Dank!

Jens Korte
mit Heike Buchter

Rettet die Wall Street

Für Max

Jens Korte
mit Heike Buchter

Rettet die Wall Street

Warum wir die Zocker brauchen

orell füssli Verlag

Lektorat: Annalisa Viviani, München
Umschlaggestaltung und -motiv: Hauptmann & Kompanie Werbeagentur, Zürich
Umschlagfoto: Adrian Müller, Fabrik-Studios
Druck: fgb • freiburger graphische betriebe, Freiburg

ISBN 978-3-280-05524-3

Bibliografische Information der Deutschen Nationalbibliothek: Die Deutsche Nationalbibliothek verzeichnet diese Publikation in der Deutschen Nationalbibliografie; detaillierte bibliografische Daten sind im Internet über http://dnb.d-nb.de abrufbar.

FSC www.fsc.org
MIX
Papier aus verantwortungsvollen Quellen
FSC® C106847

Inhalt

Prolog: Börse von innen

Wie lässt sich aus Wirtschaftswachstum möglichst breiter Wohlstand erhalten, wie lassen sich die Gewinne aus Fortschritt und Innovation gerechter verteilen? Das sind die wichtigen Fragen, denen wir uns heute stellen müssen. Die Zukunft unserer Gesellschaft und die Stabilität unserer Demokratie hängen davon ab. In Amerika wie in Europa tobt die Gerechtigkeitsdebatte – zu Recht. Doch es gibt längst einen Mechanismus, der exakt für diese Verteilung und Belohnung geschaffen wurde: die Börse. Sie macht Sparer zu Investoren und Anleger zu Miteigentümern. Sie bietet die Gelegenheit, sich an den Gewinnen aus neuen Technologien zu beteiligen. Doch die Börse gilt vielen als Zockerbude, bei der Insider gnadenlos abkassieren. Sie gilt als Problem, nicht als Lösung. Und leider haben die Kritiker der Börse recht. Die Börse hat ihre Grundprinzipien verraten. Dieses Buch erklärt, wie es dazu kam und warum wir die Börse retten müssen.

Warum sind Finanzkrisen so bedrohlich für uns? Warum gibt es sie immer häufiger? Und warum scheinen es weder Regulierer noch Politiker zu schaffen, sie wirksam zu verhindern? Das sind Fragen, die für uns so wichtig sind wie Anlagetipps. Denn die Finanzmärkte sind wie der Blutkreislauf für unsere Wirtschaft: Hier entscheidet sich, wohin die von uns allen geschaffenen und angesparten Mittel fließen, welche Unternehmen wachsen und welche Aktivitäten entfaltet werden können, weil das nötige Geld dafür zur Verfügung steht. Die Börse war lange der zentrale Ort, an dem diese Entscheidungen über die Ressourcenzuteilung stattfanden. Doch im Verlauf des vergangenen Jahrzehnts hat die Börse einen grundlegenden Wandel erfahren. Sie ist geschwächt und missbraucht worden, und darin liegt eine Gefahr für uns alle, denn die Börse ist das Herz unseres Wirtschaftssystems. Nicht die Börse ist das Problem, wie besonders Europäer gerne glauben, sondern das, was aus den Börsen heute geworden ist.

Heute handeln vorwiegend Maschinen mit Aktien, Devisen und Rohstoffen – weltweit und im Nanosekundentakt. Maschinen schreiben Nachrichten in Computercode für andere Computer, die damit Anlageentscheidungen treffen. Alles voll automatisiert. Internationale Banken und Investmentgiganten schleusen Milliarden durch weitgehend unregulierte »dark pools«, elektronische Handelsplattformen, auf denen anonym und an den öffentlichen Börsen vorbei Aktien die Besitzer wechseln. Die Transparenz bleibt auf der Strecke. So fragil sind die Finanzmärkte heute geworden, dass selbst kleinere Fehler bedrohliche Ausmaße annehmen. Einen ersten Vorgeschmack lieferte der Flash Crash. Am 6. Mai 2010 brach der Dow-Jones-Index innerhalb weniger Minuten grundlos um fast 1000 Punkte ein. Das gab es in der Geschichte der Wall Street nie zuvor. Seitdem geht die Angst vor dem Super-GAU namens Splash Crash um, einem Absturz, der nicht nur die Aktien-, sondern auch die Devisen- und Rohstoffmärkte erfassen könnte.

Kamen einst Entrepreneure zu den Finanziers auf der Suche nach Kapital, haben die Finanziers sich heute zu den Mitbesitzern der Innovationen aufgeschwungen. Sie sorgen dafür, dass eine immer kleinere Gruppe von Vernetzten und Betuchten von den Erfolgen neuer Technologien und Produkte profitiert. Der große Rest muss sich mit den Krümeln begnügen. »Dumb money« nennen es unverblümt die Investoren und Banker. Der Börsengang von Facebook ist ein Paradebeispiel für das Abkassieren der neuen Geldelite. Es war ein gewaltiger Hype, als Facebook am 18. Mai 2012 die Aktien an der Technologiebörse NASDAQ notieren ließ. Doch es war sofort klar, dass es für Kleinanleger nichts zu holen gab. Die Großinvestoren hatten den Kuchen längst unter sich aufgeteilt. Bei den Kleinanlegern wurde nur noch abkassiert.

Wie kam es dazu, und was bedeutet es für die Zukunft des Kapitalismus? Wer Antworten auf diese Fragen sucht, muss an den Ort gehen, an dem die moderne Finanzindustrie ihren Anfang genommen hat: an die Wall Street. Vor über zweihundert Jahren begannen Geschäftemacher an der Südspitze von Manhattan mit Wertpapieren zu handeln. Hier ist die Heimat der Handvoll Finanzkonzerne wie Goldman Sachs, JP Morgan Chase, Morgan Stanley, die bis heute das System prägen. In dem Viertel zwischen Hudson und East River tummeln sich Investmentbanker, Hedgefonds-Manager, Derivatebroker, Analysten und Ratingagenturen. Hier geht es nur um eines: Green. Das ist die Farbe der Dollarnoten. »Eine Milliarde hier, eine Milliarde da, und bald reden wir über richtiges Geld«, solche Wall-Street-Sprüche sind kaum übertrieben. Das lockt spezielle Typen an. Es geht um Egos, Selbstüberschätzung, um Rache und um Clans, um menschliche Fehler und Schwächen einer Clique, die durch die enorme Bedeutung der Wall Street die Sprengkraft entwickelt hat, ganze Volkswirtschaften an den Rand des Abgrunds zu treiben – und manchmal sogar hinein.

Viele Bücher sind schon über die Finanzkrise geschrieben worden. Es gibt Dutzende Theorien über ihre Ursachen von Akademikern, Bankern, Politikern, Journalisten, Dokumentarfilmern. Dieses Buch eröffnet eine persönlichere Perspektive als die bisherige Literatur. Seit über einem Jahrzehnt, also seitdem die Wall Street ihre grundlegendste Veränderung erlebt hat, arbeite ich in

New York an der Wall Street. Täglich. Ich war hier, als der Dow-Jones-Index erstmals die 10 000 Punktemarke übersprang. Ich fieberte mit während der Dotcom-Blase, erlebte und überlebte die Terroranschläge vom 11. September 2001 und bestaunte die goldene Zeit danach, als die Banker und Hedgefonds Gewinne einfuhren wie niemand zuvor. Und ich war hier, als das hausgemachte Desaster im Herbst 2008 die Wall Street fast vernichtete und den Rest der Welt in die große Rezession riss. Als Korrespondent an der New Yorker Börse wurde ich Teil der Wall Street, begegnete den Protagonisten – und blieb doch Beobachter.

Seit rund fünfzehn Jahren arbeite ich als Korrespondent im Financial District. In gewisser Hinsicht bin ich Teil dieses Clubs geworden, der von außen nur schwer zugänglich ist. Das heißt jedoch nicht, dass ich nicht kritisch über die Börse und die US-Wirtschaft berichten würde. Ganz objektiv werde ich in diesem Buch allerdings nicht bleiben können. Dazu sind mir die Menschen dort zu nahe gekommen.

Dieses Buch soll den Blick für die Wall Street hinter den Kursgrafiken, dem Börsenjargon und den üblichen Nachrichtenhäppchen öffnen. Es ist keine wirtschaftswissenschaftliche oder finanzhistorische Studie – auch wenn ich solche Aspekte aufgreife. Es ist eher ein authentischer Bericht über eine ungewöhnliche Forschungsreise – meine Forschungsreise zu den Zockern.

New York, im Herbst 2013 *Jens Korte*

Meine Wall Street – keine bloße Zockerbude

Erste Schritte

Vor rund fünfzehn Jahren zog ich zum ersten Mal die schweren Glastüren der Wall Street Nr. 11 auf. Das ist die offizielle Adresse der New York Stock Exchange (NYSE), der größten Aktienbörse der Welt. Zutritt bekommt nur, wer einen Ausweis hat. Man geht durch einen Metalldetektor, vorbei an uniformiertem Sicherheitspersonal, durch ein Drehkreuz, dann noch einmal durch schwere Glastüren. Und dann kommt der Lärm.

Darauf war ich nicht vorbereitet. Es war, wie wenn ich die Tür zu einer Sportarena oder einem Basar im Orient aufgestoßen hätte. Über fünftausend Händler arbeiteten damals in vier Handelsräumen – wie eine wachsende Großfamilie hatte die NYSE immer neue Räume für Neuankömmlinge schaffen müssen.

Ende der 1990er-Jahre stand die Börse ganz oben, New York war der Nabel der Welt. Da gab es nur schwer ein Durchkommen durch die Zwei-Dollar-Broker, Trader, Laufburschen, Aufseher und Spezialisten. Wer nicht aufpasste, wurde gnadenlos angerempelt. Fast ausschließlich Männer, die versuchten, sich gegenseitig zu überbrüllen. Frauen gab es, und gibt es bis heute, nur vereinzelt auf diesem »Parkett«. Nach den Glastüren geht es durch einen etwas kleineren Saal, die »Garage«, wie ihn die Händler nennen, weil er wie ein Anbau an den anschließenden

Börsensaal wirkt, in dem heute noch die TV-Sendungen produziert werden.

Unter der kathedralenhohen, stuckverzierten Decke des neoklassizistischen Baus hatten sich zur Jahrhundertwende die Händler zusammengefunden. In den 80er-Jahren, als die Elektronik Einzug hielt, wurde ein beinahe ebenso gigantisches Gestell aus Stahlstangen eingebaut. An dem Gestänge hingen überall Monitore, Kabelstränge, Computer und Kühlsysteme für die elektronischen Geräte, die sonst heißgelaufen wären. Die Monitore gruppierten sich rund um eine Art elektronischer Marktbuden, an denen der eigentliche Handel stattfand. Ohne Rücksicht auf Ästhetik wurde die Konstruktion in den alten Saal eingebaut – weil sie Vorteile im Handel verschaffte. Das gilt im Grunde für alles, was an der Börse stattfindet: Wenn es dadurch schneller und billiger wird, wird es gemacht.

Der Boden beziehungsweise der »Floor«, das eigentliche Börsenparkett, war damals mit Papier übersät. Das waren die Orderzettel der Broker, damals noch von Hand ausgefüllt und weitergereicht. Doch auch Zeitungsausschnitte, Sandwichpapier, Zahnseide, leer gegessene Lunchpakete oder leere Pappbecher landeten auf dem Parkett. Solcher Müll wird heute noch achtlos fallen gelassen, nur Kaugummi und Flüssigkeiten sind tabu. Das Mittagessen kommt aus der Cafeteria im Keller oder von Läden und Lokalen rund um die NYSE. Mittags stehen die Kuriere von Champs, einem Deli gleich um die Ecke, draußen vor der Börse. Delis oder Delikatessen – so nennen New Yorker ihre Sandwichläden, die mit Gourmettempeln so viel zu tun haben wie Drei-Sterne-Lokale mit McDonald's. Rein dürfen die Lieferjungen nicht. Einer der Händler nimmt die Tüten mit dem Lunch in Empfang, lässt das Essen durch den Bombenscanner laufen und verteilt es dann an die Kollegen. Gegessen oder geschlungen wird beim Blick auf den Kurszettel oder die Auftragseingänge. »Time is cash.«

Wie erfolgreich der Tag verlaufen war, konnte man zur Zeit der Papierorder nach der Schlussglocke um vier Uhr nachmittags an der jeweiligen Höhe der Abfallhaufen ablesen. Je höher, desto mehr war los. »Pro Tag bin ich rund fünf Meilen auf dem »Floor« unterwegs gewesen«, erzählt Alan Valdez. Er trägt einen grauen Schnauzbart und gelt seine grau melierten Haare zurück. Seit fünfunddreißig Jahren arbeitet der Mittfünfziger an der NYSE. »Das ›Parkett‹ ist aus Pinienholz«, erzählt er. Das sei besonders elastisch und schone die Gelenke. Fitness und Risiko bringt der Börsianer sonst nur noch in seinem Hobby in Einklang: Er ist ein begeisterter Bergsteiger. Denn zu sportlich sollte man es auf dem »Floor« nicht halten: Turnschuhe oder Jeans sind noch heute untersagt.

Überhaupt, die Kleiderordnung. An unterschiedlichen Jackenfarben lässt sich erkennen, wer zu welchem Brokerhaus gehört. Damals, in den Glanzzeiten der 90er-Jahre, wurde das noch sehr streng gehandhabt. Denn es war schließlich wichtig, in der Hektik und im Gewühl immer zu wissen, mit wem man es zu tun hatte, wer neben einem stand und gegebenenfalls mithörte! Bear Stearns, das später als erstes Wall-Street-Haus im März 2008 unterging, stattete seine Händler in flammendem Magenta aus. Die Lehman-Brothers-Vertreter liefen in grünen Jacketts herum – die Traditionsfarbe der Investmentbank. Deutsche-Bank-Typen trugen Blau. Die Aufsicht dazwischen war an den mausgrauen Kitteln erkennbar. Geschwindigkeit war und ist Trumpf. Dutzende Händler drängten um die »Posts«, jene Elektronik-Marktbuden, an denen der eigentliche Aktienhandel stattfand.

Wer bekommt den Zuschlag? Eine durchdringende Bassstimme zu haben half. Eine gute Reputation und lange Zugehörigkeit schadet ebenfalls nicht. Und wer lange genug dabei ist, kennt auch die kleinen Tricks.

Stephen Guilfoyle war über zwanzig Jahre auf dem »Parkett« unterwegs. An seinem Jackett hat er eine kleine Nadel angesteckt. »Stell dir vor, da stehen Dutzende Händler vor dir. Jeder will die Aktien zu seinem gewünschten Preis. Ein kleiner Piks mit der Nadel, der Nebenmann schreckt auf, und du bekommst den Zuschlag«, erinnert er sich. Auch das ist die Börse: ein Haufen großer, verspielter Jungs. Mit kleinen Streichen sorgen die Händler, die Milliarden bewegen, für ein wenig Abwechslung, Entspannung. Wer auf dem »Parkett« länger bestehen will, darf nicht ständig darüber nachdenken, um was für enorme Summen es geht. In meiner Anfangszeit kannte ich diese Rituale noch nicht. Einmal lief ich über das »Parkett«, da ertönten links und rechts neben mir plötzlich Indianergeheul und Cowboyrufe: »Yiiihhaaaa!« Irgendwann bemerkte ich dann, dass das Geschrei mir galt! Ein Trader hatte aus einem Stück Papier eine Spore gebastelt und mir unbemerkt an die Ferse geheftet.

Ende der 90er-Jahre konnte man sich in den Handelsräumen nicht setzen, da es keinen Platz für Hocker oder Stühle gab. In einer Ecke standen Klappstühle. Weil dieser Bereich vor allem für kurze Verschnaufpausen der älteren Händler gedacht war, bekam er den Spitznamen »Jurassic Park«. Heute ist in der Ecke ein Verkaufsstand der Café-Kette Starbucks untergebracht. (Dabei wird die Starbucks-Aktie noch nicht einmal an der NYSE, sondern ausgerechnet an der Konkurrenzbörse NASDAQ gehandelt.)

Ein paar Kameras waren über den Köpfen der Händler für die Fernsehinterviews installiert, damit die Händler nicht durch herumlaufende Kameraleute bei ihren Geschäften gestört wurden. Mit diesen Kameras haben wir und andere TV-Kollegen die Sendungen gemacht. Noch heute stellt die Börse Reportern aus Japan, China, Spanien, Italien, Frankreich, Deutschland, Saudi-Arabien und England diese Kameras zur Verfügung. Früher hat aber niemand Rücksicht auf die Reporter genommen. Es kam nicht selten vor, dass man von einem Händler zur Seite geschoben wurde. Ich wurde einmal mit einem Brötchen beworfen, weil sich ein Händler von dem Licht der Kamera gestört fühlte. Zwar hat er mich verfehlt, aber den Kamermann hat er getroffen. Es ist sogar vorgekommen, dass sich ein Händler mitten in der Sendung in meinem Kabel verfing und dann mit mir im Schlepptau weiterzog.

Bis zu jenem Tag vor fünfzehn Jahren, als ich zum ersten Mal die NYSE betrat, hatte ich mit der Börse nichts zu tun gehabt. Ich stamme aus einem kleinen Ort bei Frankfurt. Nach dem Abitur machte ich eine Lehre zum Industriekaufmann – eine vernünftige Basis, wie mein Vater fand, bevor ich möglicherweise eine brotlose Kunst erlernen würde. Dann kam die Wiedervereinigung – und mich zog es Anfang der 90er-Jahre unwiderstehlich nach Berlin, der Heimatstadt meiner Mutter. Dort studierte ich nach einigen Umwegen Volkswirtschaftslehre. Neben dem Studium begann ich, für die *Berliner Morgenpost* für den Lokalteil Spandau zu schreiben, den Bezirk, der für seine Zitadelle berühmt ist und damals der größte Berliner Stadtteil war. Die ersten Sporen im Journalismus hatte ich mir bei einem Frankfurter Stadtmagazin verdient. Der Job als freier Mitarbeiter bei der *Berliner Morgenpost* war für mich ein Aufstieg. Im Nachwende-Berlin bewegte sich kulturell und gesellschaftlich extrem viel. Der Pariser Platz, in der Nähe des ehemaligen Todesstreifens, war damals noch völlig unbebaut. Dort stand nur eine Bar. Der Regisseur Wim Wenders hat da den Film *Himmel über Berlin* gedreht. Dort war ich häufig. Im Ostteil der Stadt gab es Partys in Kellern, die sich seit dem Zweiten Weltkrieg nicht verändert hatten. An der Freien Universität protestierten wir gegen Studiengebühren und Sparmaßnahmen. Die Fördermittel flossen vor allem an die Humboldt-Universität im Ostteil der Stadt. Das Theater, das Zusammenwachsen von Ost und West und die gesamte Aufbruchstimmung haben mich stark geprägt.

Doch nach dem Studium wollte ich ins Ausland. Über die deutsch-amerikanische Handelskammer bekam ich ein Praktikum in New York. Einige Menschen kommen nach New York für zwei oder drei Jahre. Für sie ist die City eine Auszeit von ihrem normalen Leben. Und dann gibt es Menschen, die nach New York kommen und sich keine andere Stadt mehr vorstellen können, in der sie auf Dauer leben wollen. Nach dem ersten Praktikum wusste ich, dass ich bleiben wollte. Über die Handelskammer bekam ich auch den Tipp: Ein gewisser Markus Koch suche Leute, die mit ihm von der New Yorker Börse berichten sollten. Das Börsenfieber hatte auch die Deutschen erfasst, und Markus hatte eine Marktlücke entdeckt. Er war der Erste, der live vom New Yorker »Parkett« in die deutschen Wohnzimmer geschaltet wurde. Ich wurde Mitarbeiter seines Start-up-Unternehmens, später sogar eine Weile Teilhaber. So kam ich an die Börse.

Diese Welt war mir völlig fremd – aber auf Anhieb faszinierend. Ich kam mir vor wie ein Forscher, der einen unbekannten Eingeborenenstamm entdeckt. Die Gesten, die Sprache, die Regeln und Rituale wie etwa das Lied »Wait 'till the Sun Shines, Nellie«, das die Händler bis heute immer am letzten Handelstag des Jahres singen, zogen mich in ihren Bann.

Über die Börse habe ich auch den Zugang zur amerikanischen Sportwelt gefunden. Die Börse hatte eine Loge im Yankee-Stadion gemietet. Zu den Baseballspielen des Clubs wurden häufiger auch Journalisten eingeladen. Bei Bier und Hotdogs lernte ich die Regeln kennen. Dort habe ich auch gelernt, dass

Amerikaner Statistiken lieben. Das macht Baseball faszinierend – auch wenn das für Mitteleuropäer mit der Liebe zum emotionalen Fußball nicht immer nachvollziehbar ist. Aber Amerikaner lieben das Spiel mit Zahlen.

Frühstück an der Börse

Zu meinen nachhaltigsten Eindrücken gehört mein erstes Frühstück in der Börse.

Die New Yorker Börse war ein ausgesprochen exklusiver Club. Die NYSE war damals selbst noch kein börsennotiertes Unternehmen, sondern gehörte gemeinsam den rund fünfhundert Mitgliedern, den »Members«. Mitglied konnte nur werden, wer eine entsprechende Brokerausbildung vorweisen, aber vor allem rund zwei Millionen US-Dollar hinblättern konnte. So viel kostete nämlich Ende der 90er-Jahre ein Sitz an der Börse. Nur wer einen Sitz hatte, durfte auf dem wichtigsten »Parkett« der Welt handeln. Journalisten wurden eher geduldet als begrüßt. Und so fühlte ich mich geehrt, als während meiner Anfangszeit Jim Maguire jr. mir eines Tages anbot, mich zum Frühstück einzuladen. In den oberen Etagen befanden sich Räume, die nur den Mitgliedern zur Verfügung standen, es war sozusagen ein Club im Club. Im edelholzgetäfelten Luncheon Club im achten Stock trafen sich die Händler morgens zu Kaffee, Bagel und Rührei. Ebenfalls im achten Stock gaben sie vor Handelsbeginn ihre Straßenschuhe ab und bekamen dafür ihre polierten Lackschuhe, eigens fürs »Parkett«.

Neben den Aufzügen blickten glasäugig Bison- und Elchköpfe auf uns hernieder. In der Ecke vor dem Eingang des Clubs wurden Zigarren verkauft. Für die wirklich guten Abschlüsse.

Direkt davor stand eine Bronze: »Bull and Bear«. Ein Bulle und ein Bär, die miteinander kämpfen. Der Bulle, der den aggressiv nach oben drängenden Aktienmarkt symbolisiert, und der Bär, der versucht, den Bullen niederzudrücken. Heute ringen »Bulle und Bär«, der einstige Stolz des Luncheon Clubs, vor Touristen im Museum of Finance ein paar Ecken die Wall Street hinunter.

Mein Gastgeber an diesem Tag, Jim Maguire jr., gehört zu einer der ältesten Dynastien an der NYSE. Er sah mit seinem breiten Grinsen, den zur Seite gescheitelten Haaren, dem dunklen Anzug und den blitzblanken Schuhen aus, wie ich mir einen Börsianer vorgestellt hatte. Allerdings redeten wir nicht über Geld. Maguire führte mich in die Hierarchie ein. »Sieh mal, da hinten die große alte Standuhr. Wer den Tisch daneben bekommt, ist gerade die wichtigste Person auf dem ›Parkett‹.« Wir saßen ein paar Tische weiter weg. Ich stocherte nur ein wenig in meinem Obstsalat, zu nervös, um wirklich Appetit zu haben. Ich kam ziemlich frisch von der Uni, und jetzt saß ich mitten unter den Brokern, die täglich Milliarden um den Globus jonglierten. Damals scherte sich niemand darum, was in Frankfurt, Singapur oder Schanghai passierte. Die Wall Street gab den Ton vor, und der Rest der Welt folgte.

Unser Frühstück wurde ständig unterbrochen von Händlern, die Jimmy auf die Schulter klopften, kurze Worte wechselten, ein paar Informationen austauschten. Freundlich, aber nicht wirklich interessiert, ob ich seine Erklärungen verstand, gab er mir einen Einblick in den Handelsablauf: Da sind die Spezialisten, da sind die Broker, da sind Käufer und Verkäufer. Hier stehen die Posts und dort die Booths. Ich verstand kaum ein Wort. »Money talks and bullshit walks«, lautet eine alte Floskel an der Börse. Wer das Geld hat, der hat was zu sagen. Und das ist einer der entscheidenden Punkte, um an Informationen zu kommen. Man muss den Gesprächspartnern etwas bieten oder zumindest ihr Interesse wecken. Als Frischling aus Deutschland, zumal als Journalist, konnten das natürlich keine großartigen Geschäfte, nicht mal Informationen sein. Aber viele ausländische Reporter gab es damals noch nicht. So ein eigenartiger Typ mit einem starken deutschen Akzent, den konnte Jim ruhig mal zum Frühstück mitnehmen. Und sei es nur als Kuriosum.

Heute kann ich immer noch keine großen Geschäfte bieten. Aber über die Jahre ist Respekt entstanden. Ich kann den Jungs auf dem »Floor« erklären, was sich in Europa abspielt. Wir diskutieren die jüngsten Konjunkturdaten oder scherzen über die wahnwitzige Geldflut der Notenbank. »Du bist der Einzige, der mir geduldig zuhört«, sagt Louis immer. Den Italoamerikaner habe ich immer wieder für Konferenzen in der Schweiz und Deutschland interviewt. Er ist seit rund fünfundzwanzig Jahren an der Börse. Beim Crash 1987, bei dem die Börse erstmals durch Technologie ins Chaos gestürzt wurde, hatte er gerade angefangen. Das war ein Stahlbad für die Nerven. Viele Händler erzählen noch heute davon. Am »Black Monday«, am 19. Oktober 1987, brach der Dow Jones an einem einzigen Handelstag um über 22 Prozent ein. Es war der größte Tagesverlust, den die Wall Street jemals erlebt hatte. Man hat verschiedene Erklärungen dafür angeführt, unter anderem magere Konjunkturdaten, eine Überbewertung der Märkte und den Absturz des Computerprogramms. Es wurden automatisch Verkaufsprogramme gestartet. Die Handelssysteme kamen mit der Masse an Aufträgen nicht nach. Panik brach aus. Derivate spielten dabei ebenfalls eine Rolle. Louis verstand die Welt nicht mehr. Doch in den Folgejahren hat er einen guten Riecher entwickelt. Deshalb befrage ich ihn gerne. Seine Kollegen hatten sich schlappgelacht, als er Anfang 2012 ein Schild mit »Dow 14 500« aufhängte, was ein neues Allzeithoch bedeutet hätte. Sein Timing war ein wenig off. Aber knapp ein Jahr später schnellten tatsächlich die Rekorde in die Höhe.

Eine Welt für sich

Die Börse war in jenen Tagen wie ein Ozeandampfer, der jeden Morgen um 9:30 Uhr mit dem Läuten der Handelsglocke in die turbulenten Wogen der Finanzwelt aufbrach und nachmittags um 4:00 Uhr zur Schlussglocke wieder einlief. Die Händler ließen sich an der NYSE nicht nur die Schuhe putzen und die Jacketts aufbügeln. Im ersten Untergeschoss gab es auch einen Friseur. Dreiundvierzig Jahre lang schnitt Gerardo Gentilella den Tradern die Haare. Er war klein, hatte einen grauen Bart und spielte den ganzen Tag mit voller Lautstärke italienische Opern, mit Vorliebe Verdi und Puccini. Gerardo stammte aus Neapel. In den 60er-Jahren ging er an die Wall Street. Ich wollte ihn gerne interviewen, aber er lehnte entschieden ab. Er galt als eine Art Beichtvater für die Trader. Dort saßen sie in einem kleine Raum in alten Ledersesseln und ließen sich die Haare schneiden. Dabei schütteten sie ihr Herz aus oder plauderten mit Kollegen. Ein Haarschnitt bei »Jerry the Barber«, wie er an der NYSE genannt wurde, kostete 8 Dollar. Von der Börse erhielt er eine jährliche Unterstützung von 24 000 Dollar. Seit 1968 zahlte er keine Miete.

Die Börsenmoderatorin Maria Bartiromo, selbst als »Money Honey« auf dem »Parkett« und darüber hinaus zur Legende geworden, gehörte zu seinen großen Unterstützern. (Wobei sich die Frontfrau des Börsensenders CNBC meines Wissens nie die Haare von Jerry frisieren ließ.) Sein Angebot begrenzte sich auf klassische Männerschnitte – und italienische Opern. Doch selbst »Money Honey« konnte nicht helfen, als der damalige Börsenchef John Thain 2006 die jährliche Finanzierungshilfe strich: Jerry musste gehen. Und was man Thain bis heute übel nimmt: Er ließ Jerry nicht einmal das wegen der Trinkgelder lukrative Weihnachtsgeschäft mitnehmen. Zum Abschied durfte er lediglich seinen Frisierstuhl mitnehmen. Der stamme aus dem Jahr 1908, behauptet der Friseur. Dreiundvierzig Jahre habe er ihn benutzt.

Neben Jerry, dem Barbier, gab es zwei Cafeterias, den Luncheon Club, eine Krankenstation, Schuhputzer, Zeitungsstände, einen Souvenirshop. Kurz vor einer TV-Sendung riss einmal ein Knopf an meinem Anzug ab. Da gab mir jemand den Tipp: »Geh doch zum Schneider! Ja, geh einfach hinunter in das zweite Kellergeschoss.« Ich wusste gar nicht, dass es ein zweites Kellergeschoss gab!

Nachdem ich über Treppen und Gänge herumgeirrt war, fand ich mich in einem großen, weitgehend ungenutzten Raum wieder, aus dessen hinterer Ecke Qualm aufstieg. Der wie Jerry italienischstämmige Schneider rauchte Kette. Aber davon nahm niemand großartig Notiz. Ich glaube, dass er mir für etwa zwei Dollar den Knopf schnell annähte. Im Winter war ich noch mal ab und zu da unten, um eine Zigarette bei ihm im Warmen zu rauchen. Jahre später habe ich erfahren, dass er Joseph ausgebildet hat. Bei Joseph habe ich in den Anfangsjahren für rund 200 Dollar meine Anzüge gekauft. Auch der gebürtige Neapolitaner und seine Frau sind echte Originale der Wall Street. Joseph hatte vor den Terroranschlägen sein Geschäft im World Trade Center. Danach zog er mehrmals im Finanzdistrikt um. Maßanzüge und Hemden konnte man sich fertigen lassen – zu Spottpreisen im Vergleich zu den Herrenausstattern wie Brooks Brothers oder ähnlichen Adressen. Der ehemalige Bürgermeister Rudy Giuliani, ebenfalls italienischer Herkunft, und andere New

Yorker Lokalgrößen gehörten zu seinen Kunden. Joseph war ein Geheimtipp. Aber weil immer mehr Händler schließlich von der Stange kauften, musste er sich in den vergangenen Jahren hauptsächlich aufs Anpassen und Ändern verlegen. Er hatte allerdings auch seine Quellen für Markenanzüge, die er zu extrem günstigen Konditionen auftrieb.

Die Börse hat auch eine eigene Krankenstation – es kommt immer wieder vor, dass einer der Händler auf dem »Parkett« umkippt. Die Krankenstation wirkt wie die ausgediente Praxis eines schon lange praktizierenden Landarztes. Die Sitzgarnitur und die Teppiche im Wartezimmer sowie die Ausstattung der Behandlungszimmer sind schon etwas abgenutzt. Aber in Amerika sieht es ohnehin nicht so glamourös aus, wenn man hinter die Kulissen blickt. An den eher trockenen Charme der Ärzte muss man sich auch gewöhnen. Aber es werden nicht zu viele Fragen gestellt. Auch hier muss es schnell gehen, »time is cash«. Kreditkarte hin, Spritze rein, Unterschrift drunter, danke und bis bald.

Traditionen

Seit Generationen werden die Jobs auf dem »Parkett« weitergereicht. Die Dynastien der NYSE stammen überwiegend aus Italien und Irland. Als die NYSE 1903 in das heutige Gebäude einzog, wurden billige Arbeitskräfte etwa als Laufburschen gesucht – sie trugen die Papiere mit den Ordern von Händler zu Händler. Zur Jahrhundertwende trafen besonders viele Iren und Italiener mit dem Schiff in New York ein und nahmen die Arbeit gerne an. Dann arbeiteten sie sich hoch, ihre Söhne gingen ebenfalls an die Börse. Die Namensschilder wie Jameson, McCabe, di Luca oder Civitanova belegen noch heute diese Tradition.

Don Civitanova ist einer von ihnen. Er war unter anderem für den Börsengang von Manchester United im August 2012 zuständig. Das passt in die Familientradition. Schon sein Großvater arbeitete in den 40er-Jahren an der New York Stock Exchange. In der Freizeit spielte Dons Großvater für das Fußballteam der NYSE. »Meine Familie kam aus dem handwerklichen Bereich. Dann ist mein Großvater an die Börse geraten. Mein Vater folgte, und heute stehe ich hier«, erzählt Donnie.

Wie ein Clan arbeitet auch Familie Maguire auf dem »Floor« – der Clan, zu dem mein einstiger Gastgeber Jimmy gehört. Sein Vater arbeitete zweiundsechzig Jahre lang auf dem »Parkett«. Erst im Herbst 2012 läutete James sen. mit der Schlussglocke seinen Ruhestand ein. Der »Chief«, wie er auf dem »Floor« genannt wurde, war in den letzten Jahren vor allem für die Aktien von Berkshire Hathaway, dem Unternehmen von Großinvestor Warren Buffet, zuständig. Seine Söhne, seine Tochter, Neffen und Schwager – alle versuchten an der Börse ihr Glück. Die Kinder von James Maguire jr. wollen jetzt jedoch etwas anderes machen. Die großen Geschäfte werden nicht mehr auf dem »Parkett« getätigt. In den 80er- und 90er-Jahren war das noch anders. Wenn Broker einen richtig guten Tag hatten, dann gingen sie gleich zum Autohändler. Mit der Zigarre im Mundwinkel drehten sie dann in ihren neu erworbenen Wagen hupend ihre Runden um die Börse. Heute wäre das aus Sicherheitsgründen unvorstellbar. Seit den Terroranschlägen vom 11. September 2001 gleicht die Börse einem Hochsicherheitstrakt. Panzersperren, Sicherheitszäune und Polizeipatrouillen riegeln den Verkehr weiträumig ab.

Der Luncheon Club mit den gediegenen Ledersesseln, dem hellen Marmorboden in den Fluren, die selbstsicheren Trader mit ihren vielen überkommenen Gepflogenheiten – nicht einmal ein Crash würde diese Institution erschüttern können, so schien es.

Selbst die Weltwirtschaftskrise von 1929 war schließlich nur ein, wenn auch wichtiges, historisches Ereignis in ihrer jahrhundertelangen Geschichte. Nichts deutete Ende der 90er-Jahre darauf hin, dass der Abstieg der traditionellen Börse bereits begonnen hatte. Doch es sollten die letzten goldenen Jahre der mächtigsten und bedeutendsten öffentlichen Börse sein. Ausgerechnet der scheinbar unaufhaltsame Zug der Finanzmärkte, alles auf Dollar und Cent zu reduzieren und den Gewinn zu maximieren, wurde der alten ehrwürdigen NYSE mit ihren oft allzu menschlichen Akteuren zum Verhängnis. Eine Revolution der Informationstechnologie und der Boom neuartiger Finanzinstrumente waren dabei die entscheidenden und unerbittlichen Treiber.

Das Rückgrat der USA – Warum die Börse wichtig ist

Viele sind enttäuscht, wenn sie zum ersten Mal die Wall Street sehen. Die Straße wirkt nicht besonders nobel und hebt sich von den benachbarten Straßen und Gassen nur durch die Scharen von Touristen ab, die sich hier täglich durchdrängen. Sie führt von der neogotischen Trinity Church mit ihrem spitzen Buntsandsteinturm vorbei am Federal Hall Memorial, wo einst George Washington als erster Präsident seinen Amtseid schwor und heute noch in Bronze davor Wache hält, und zieht sich mit einigen Windungen und ein wenig düster hinunter bis an den East River, der eigentlich kein Fluss ist, sondern ein brackiger Ausläufer der Hudson Bay. Die weltweit bekannte neoklassizistische Fassade der Börse mit ihren fünf kolossalen Säulen, um die oft ein segelgroßes rot-blau-weißes Sternenbanner drapiert ist, befindet sich nicht an der Wall Street, sondern an der noch weniger glamourösen Broad Street. Früher mussten sich die Touristen davor auf den Bürgersteigen drängeln, während sich Lieferwagen, schwere Limousinen und die stets ungeduldig hupenden gelb-schwarzen New Yorker Taxis in dem verwinkelten Finanzdistrikt stauten. Doch seit den Terroranschlägen schützen Betonblocks, ein schmiedeeiserner Zaun und automatische Straßensperren die NYSE, und es gibt sogar eine kurze gepflasterte Fußgängerzone mit Blumenkübeln – lange Gegenstand des Spotts der Trader. Welcher wahre New Yorker, geschweige denn Broker, hat schon Zeit, spazieren zu gehen? Seit dem 11. September 2001 ist auch die Besuchergalerie der

Börse geschlossen. Der Beliebtheit der NYSE als Stopp bei New-York- oder US-Trips hat das keinen Abbruch getan. Die NYSE ist ein Symbol für Amerika – kaum weniger bekannt als die Freiheitsstatue, die nicht weit davon im Hafenbecken steht.

Und das ist durchaus zu Recht so. Über 50 Milliarden Dollar an Wertpapieren wechseln an der NYSE noch heute täglich den Besitzer. Damit ist sie nach wie vor die mit Abstand größte Aktienbörse der Welt. In London sind es im Durchschnitt 8 und in Frankfurt etwa 4 Milliarden Dollar am Tag. In einer Woche wird damit an der Wall Street fast so viel umgesetzt, wie Irland oder die Tschechische Republik mit einem Bruttoinlandsprodukt von rund 200 Milliarden Dollar in einem Jahr erwirtschaften. Vor allem aber hat die New Yorker Börse einen enormen Anteil am Aufstieg Amerikas zur globalen Wirtschaftsmacht und nicht zuletzt am Siegeszug des Kapitalismus made in USA – egal, wie man dazu stehen mag. Hier fanden und finden Gründer- und Bankerdynastien und die größten und mächtigsten Konzerne wie Boeing, DuPont, IBM, Coca-Cola und Walt Disney ihre Geldgeber. Der Wert aller Gesellschaften, die an der NYSE gelistet sind, entspricht etwa 16 Billionen Dollar.

Die Vereinigten Staaten von Amerika sind ein vergleichsweise junges Land. Noch Anfang des 19. Jahrhunderts waren weite Teile des Landes unerforscht. 1804 brachen Meriwether Lewis und William Clark auf, um erstmals den Nordwesten zu erkunden. Rund hundert Jahre später stiegen die USA zur mit Abstand größten Wirtschaftsnation der Welt auf. Dieser Boom wurde ermöglicht und finanziert von der Wall Street.

Anders als die Traditionshäuser in Paris, Zürich oder Frankfurt wurde die New York Stock Exchange zum zentralen Geldumschlagplatz des Landes. Hier wurden die Mittel von Wohlhabenden und in weit höherem Maße als anderswo auch von

Mittelschichtbürgern gesammelt und Unternehmern wie Regierungen zur Verfügung gestellt. Nirgendwo sonst spielte die Börse eine derart zentrale Rolle bei der Finanzierung privater wie öffentlicher Vorhaben. In Europa, mit Ausnahme vielleicht von London, liefen und laufen bis heute noch die Finanzierungsströme zum größten Teil über Banken. Woran liegt es, dass die Amerikaner so bereit zu sein scheinen, ihr Erspartes in immer neue riskante Unterfangen zu stecken? Es könnte an der Mentalität in der Neuen Welt liegen, in der Pioniere immer wieder aufbrachen, um neues Land zu finden oder neue Schätze zu heben. Es mag ein Aspekt des viel beschworenen American Dream sein, der den Leuten immer wieder verspricht – Skeptiker sagen, vorgaukelt –, dass auch sie zu den Gewinnern gehören können. Auf jeden Fall hat es dazu geführt, dass die amerikanischen Börsen und vor allem die New York Stock Exchange eine einmalige Rolle in der Wirtschaft spielen – weltweit. »Ihr Europäer habt die schönen Künste zu höchster Blüte entwickelt, wir Amerikaner haben dafür die ausgeklügeltsten Kapitalmärkte geschaffen«, pflegt ein Bekannter zu sagen, der lange Banker war und heute einen Hedgefonds managt.

1792 stand an der Stelle, wo sich heute das Börsengebäude befindet, ein Buttonwood-Baum. Unter diesem Baum gründeten Händler die New York Stock Exchange. In den Kneipen und Kaffeehäusern der Gegend nahe dem Hafen an der Südspitze Manhattans hatten sich die frühen Geschäftemacher und Finanziers schon seit Langem getroffen. Die nach dem Baum benannte Buttonwood-Erklärung, die vierundzwanzig der frühen Händler damals unterschrieben, sollte dem Ganzen eine offiziellere Form geben. Die Gründung der New York Stock Exchange erfolgte sechzehn Jahre nach der amerikanischen Unabhängigkeitserklärung. Damit ist die New York Stock Exchange eine der ältesten

Institutionen der USA. Als erste Papiere wurden Staatsanleihen der jungen Nation gehandelt, um die Schulden des Unabhängigkeitskrieges in den Griff zu bekommen (der Beginn einer langen Geschichte öffentlicher Verschuldung, die heute in einem Schuldenberg von 16 Billionen Dollar gipfelt).

New York war von Anfang an von zentraler Bedeutung für die USA. Das lag nicht zuletzt an Alexander Hamilton, dem schillernden ersten Finanzminister der jungen Nation. Wegen seiner Herkunft (er wurde 1755 oder 1757, er hat sich bei den Angaben selbst widersprochen, auf der Karibikinsel Nevis als unehelicher Sohn der Tochter eines Plantagenbesitzers und eines verarmten schottischen Adligen geboren) blieb Hamilton den anderen Gründervätern immer ein wenig suspekt. Er war es, der die Eckpfeiler der modernen amerikanischen Wirtschaft einschlug. Hamilton erkannte, wie wichtig eine wachsende Wirtschaft und Industrie für die Stabilisierung der dreizehn ehemaligen britischen Kolonien in Nordamerika war. Doch es fehlte an Kapital, um Manufakturen und Betriebe aufzubauen. Und die neuen Bundesstaaten ächzten unter ihrer Schuldenlast. So machte Hamilton vor, was die Wall Street bis heute immer wieder kopiert: Als Finanzminister zog er neue Wertpapiere auf die alten Schulden und gab sie an Investoren, vorwiegend britische Geschäftsleute, und brachte dadurch neues Kapital ins Land. Hamilton erkannte, dass ohne ein funktionierendes Finanzsystem die Wirtschaft über kurz oder lang abgewürgt werden würde. So setzte er sich für die Gründung einer Nationalbank ein. Er selbst startete sein eigenes Kreditinstitut – die Bank of New York, die es bis heute gibt (die Aktie der Bank soll übrigens die erste Aktie gewesen sein, die an der New York Stock Exchange gehandelt wurde). Hamilton starb an einer Verwundung, die er sich in einem Duell zugezogen hatte, zu dem ihn sein langjähriger politischer Rivale Aaron Burr herausgefordert hatte, um eine Ehrenstreitigkeit auszutragen. Es ging angeblich unter anderem um außereheliche Affären. Für ihren tödlichen Schusswechsel verabredeten sie sich ausgerechnet in Weehawken am Hudson, damals ein Weiler im benachbarten New Jersey, einem Staat, der bis heute den Ruf hat, in Korruption und Skandale verwickelt zu sein (nicht zufällig spielte dort die TV-Mafiaserie *The Sopranos)*. Nach einer Legende soll Hamilton absichtlich in die Luft geschossen haben und wurde dann tödlich von Burr getroffen. Doch das Grab des Gründervaters des amerikanischen Kapitalismus ist immerhin am Ort seiner größten Erfolge: dem Friedhof der Trinity Church, nur einen Steinwurf von der New York Stock Exchange entfernt.

Alexander Hamilton hatte die Fundamente gelegt. Die Räuberbarone des 19. und 20. Jahrhunderts nutzten sie, um darauf bis dahin ungekannte Wirtschaftsimperien zu bauen. Sie häuften Vermögen an wie kein Sterblicher je zuvor. Über dem Eingang der Grand Central Station, dem Verkehrsknotenpunkt im Herzen der City, wo auch jetzt noch Eisenbahnen aus allen Richtungen zusammenlaufen und 60 Millionen Menschen jährlich um- und einsteigen, steht eine überlebensgroße Statue. Sie stellt Cornelius Vanderbilt, genannt der Commodore, dar. Sein Vermögen machte er im Transportwesen. Seine Eisenbahnnetze und Schifffahrtslinien stellen den Beginn jener kontinentumfassenden Infrastruktur dar, ohne die Amerika nie hätte zu solcher Macht gelangen können. Zwischen 1830 und 1860 wurde das Schienennetz von nur 13 Meilen auf über 30 000 Meilen ausgebaut. Am 10. Mai 1869 wurde der »Golden Spike«, der buchstäblich letzte Schienennagel, in die Schwelle gerammt. An jenem Tag wurden die Central Pacific und die Union Pacific zu einem Schienennetz verbunden. Es entstand die erste transkontinentale Bahnstrecke der Vereinigten Staaten mit einer Länge von über 3000 Kilometern. Finanziert wurde das Bahnnetz durch Anleihen und Aktien. Es ist sicher kein Zufall, dass Cornelius Vanderbilts I. Blick von der Grand Central Station nach Süden – zur Wall Street – ausgerichtet ist.

Auch John D. Rockefeller hinterließ seine Spuren im Finanzdistrikt. Zwar gründete er sein Unternehmen Standard Oil – den Vorläufer des heutigen Konzerns Exxon, der immer noch an der NYSE gehandelt wird – zunächst in Ohio, doch dann verlegte er sein Hauptquartier nach Manhattan. So mächtig war Rockefellers Konglomerat am Ende, dass der Staat es schließlich zum unzulässigen Monopol erklärte und zerschlug. Rockefellers einstiger New Yorker Sitz, 26 Broadway, nimmt vier Häuserblocks ein. Der Turm mit der Pyramide war lange New Yorks höchstes Gebäude, an dessen Leuchtzeichen auf der Spitze sich die Schiffe draußen auf See orientierten.

Mit 26 Broadway verbindet sich für mich eine persönliche Anekdote: Als ich mein heutiges Korrespondentenbüro gründete, hatten wir einmal ein Büro – im Grunde nicht mehr als einen Schreibtisch – in einem der obersten Stockwerke zur Untermiete ergattert. Das schönste Privileg war, sich in der Lunchpause mit Pizza in den mahagonigetäfelten Konferenzraum zu setzen und die eines Rockefeller würdige Aussicht auf die Hudson Bay und die Freiheitsstatue zu genießen. Doch unsere Vermieter mussten bald darauf ausziehen (ihre Firma konnte die Miete nicht mehr bezahlen) und wir mit. Ausgerechnet am Tag unseres geplanten Umzugs gab es jenen Blackout, der die gesamte Ostküste der USA ins Dunkel tauchte. Da standen unsere Stühle und Drucker und Computer, Unterlagen im 30. Stock. Hinuntertragen kam nicht infrage, doch wir mussten ohne Verzug räumen, sonst hätten sich daraus kostspielige Konsequenzen ergeben. Aufgeregt fragten wir den Mann am Empfang, der in seiner Uniform und dem aufgezwirbelten Schnurrbart wie ein Zirkusdirektor aussah, was wir tun sollten. Der schaute uns verblüfft an: »Warum nehmen Sie nicht den Aufzug?« 26 Broadway, klärte er uns auf, habe immer Strom. Noch heute überlege ich, ob Rockefeller sich einen eigenen Generator im Keller bauen ließ.

Der Mann aber, der die Wall Street auf die internationale Bildfläche hob, war John Pierpont Morgan – besser bekannt als JP Morgan. Zu sagen, der Sohn einer wohlhabenden Bostoner Familie sei Bankier gewesen, ist ungefähr so, als würde man sagen, Franz Beckenbauer sei ein Kicker. Morgan beherrschte nicht nur den Finanzmarkt, sondern auch das Corporate America jener Gründertage. Elektrizität war damals die Sensation, eine Innovation, die fast alle Bereiche des Lebens grundlegend veränderte – ähnlich, wie wir in unserer Zeit das Aufkommen des Internets erlebt haben. Morgan war so fasziniert, dass er nicht nur sein Stadtpalais an der Madison Avenue mit Strom beleuchten ließ (das erste Privathaus mit diesem Service in New York), sondern auch den Erfinder Thomas Edison finanzierte. Durch die von ihm betriebene Fusion von Edison – dem Unternehmen – mit einem Rivalen entstand später General Electric. Ein Gigant, bis heute der größte Mischkonzern der USA und eines der führenden Unternehmen weltweit.

Die Stahlbranche war fast genauso entscheidend wie die Elektrizitätsgesellschaften. Stahlträger ließen die Gebäude in New York und Chicago zu Wolkenkratzern werden, spannten Brücken wie die Golden Gate Bridge über Buchten und Flüsse. Und auch hier spielte Morgan die Rolle des finanziellen Strippenziehers. Er führte Carnegie Steel mit anderen Unternehmen zu US Steel zusammen. Es war das erste Unternehmen mit einem Kapital von mehr als einer Milliarde Dollar und damals der größte Stahlhersteller aller Zeiten. Der Konzern kocht trotz aller Pleiten und Krisen noch immer Stahl in seinen Werken.

Morgans Dominanz wurde von vielen heftig kritisiert. Doch 1907 spielte er die Rolle des nationalen Retters. Damals gab es eine Finanzkrise, die in wesentlichen Zügen der Krise von 2008 ähnelt. Ein Wall-Street-Haus, Moore and Schley, hatte sich bei Investments verkalkuliert, die Gläubigerbank drohte, die Kreditlinien fällig zu stellen. Wenn Moore and Schley gefallen wäre, hätten die vielfältigen Kreditverbindungen mit den anderen Wall-Street-Häusern einen Kollaps vieler weiterer zur Folge gehabt. Das hätte das gesamte Finanzsystem mitgerissen. Da half Morgan aus. Er übernahm eine Garantie für die Außenstände. Der Zusammenbruch wurde verhindert. Derart beeindruckt von der Wirksamkeit dieses Rettungsmanövers, betrieb der damalige Senator Nelson Aldrich nach der Krise die Gründung einer Bank, die eine solche Rettungsaktion künftig übernehmen würde. Es war die Geburtsstunde der Federal Reserve Bank, der Fed. Heute dürfte die Fed, in deren Händen die US-Geldpolitik liegt, die wohl mächtigste Institution der Welt sein.

JP Morgans Bankhaus steht heute noch genau gegenüber der New York Stock Exchange. Die helle, schlichte Fassade an der Ecke sticht heraus: Das Gebäude ist nur vier Stockwerke hoch. Mit Absicht, denn vorausschauend wie er war, erwartete Morgan einen Wettbewerb immer höherer Bürotürme. Sein Kalkül: Inmitten der Hochhäuser würde sein Bau weiterhin auffallen. Und das stimmt – bis heute bildet er eine kuriose Ausnahme an der Wall Street. Übrig geblieben ist auch Morgans Goldtresor, einen Block weiter an der Broad Street. Statt Gold liegen in den Bronzefächern heute allerdings Weinflaschen. Das Steakhaus Bobby Vans hat den begehbaren Tresor zum Speisesaal umgebaut. Dort speisen Finanziers von heute 50 Dollar teure Steaks auf Spesenrechnung.

Nicht nur bei Bobby Vans ist Morgans Erbe bis heute präsent: JP Morgan Chase, mit 2,4 Billionen Dollar Bilanzsumme (Stand 2013) eines der mächtigsten Finanzinstitute der Welt, und die Investmentbank Morgan Stanley sind die Nachfolgeorganisationen von Morgans Banken. Und das Image des »fat cat«-Bankers – wie Präsident Obama die Finanziers einmal nannte – lässt sich ebenfalls auf ihn zurückführen. »Kriege und Panik am Aktienmarkt, Maschinengewehrfeuer und Brandstiftung, Bankrott, Kriegsanleihen, Hunger, Läuse, Cholera und Typhus: Das ist Wachstumssaison für das Haus von Morgan«, giftete noch zwanzig Jahre nach dessen Tod der Schriftsteller John Dos Passos. Morgan paffte Havanna-Zigarren mit dem passenden Namen Hercules, nannte unter anderem eine ganze Insel vor Long Island sein Eigen und besaß gleich mehrere Jachten. Als ihn einmal jemand fragte, wie viel denn der Unterhalt einer solchen Jacht eigentlich koste, soll er entgegnet haben: »Wer nach dem Preis fragen muss, ist zu arm, eine zu besitzen.« Verbürgt ist die Geschichte allerdings nicht.

Von Micky-Maus-Zertifikaten zu Wertpapieren

Die Räuberbarone wie Vanderbilt, Carnegie, Frick und Morgan häuften enorme Vermögen an und waren damit imstande, große Projekte in Angriff zu nehmen. Doch Wertpapiere sollten in Amerika schon bald nicht mehr nur den Reichen und gut Vernetzten vorbehalten bleiben. Die ersten Wertpapiere, die von breiten Bevölkerungsschichten gekauft wurden, waren Kriegsanleihen – also Staatsschuldpapiere. Denn um den Ersten Weltkrieg zu finanzieren, verkaufte der US-Fiskus Kriegsanleihen nicht nur an bewährte Investoren wie Banken oder große Privatinvestoren, sondern auch an Kleinanleger. In den Jahren 1917 und 1918 stellte das Finanzministerium »Liberty Bonds« im Wert von 17 Milliarden Dollar aus – eine enorme Summe, wenn man bedenkt, dass das damalige Staatsbudget nur eine Milliarde betrug.[1] Reklameposter und Auftritte von Charlie Chaplin, aber auch Organisationen wie die Boy Scouts machten auf das neue Angebot aufmerksam und appellierten vor allem an den Patriotismus. Die Strategie hatte Erfolg. Von den 23 Millionen Amerikanern, die in »Liberty Bonds« investierten, waren viele erstmalige Wertpapierbesitzer.

Auch im Zweiten Weltkrieg wurden neue Werbeformen für Staatsanleihen ausprobiert. So wurden die Zertifikate farbenfroh mit Disney-Charakteren – Micky Maus, Donald Duck, Bambi, Goofy und wie sie nicht alle heißen – gestaltet. Die Idee war, dass ein Vater solche Anleihen kaufen und seinem Sohn ins Kinderzimmer hängen würde. Für Unternehmen wie General Electric, die die Anleihen teilweise sponserten, brachte das außerdem Gratis-PR. Besitzer der mit Disney verzierten »War Bonds« würden dadurch »zu Investoren in dem Kampf für die Freiheit der Menschheit« hieß es feierlich auf den Zertifikaten.

Im Boom der Nachkriegsjahre übertrug sich das Vertrauen in die USA auch auf die Aktien von »Blue-Chips«-Unternehmen.[2] Der Unterschied: Es waren nicht mehr Schuldverschreibungen des Staates, sondern Anteile an privaten Unternehmen. Doch diese börsennotierten Großkonzerne wie General Motors, Ford und IBM wirkten für Amerikaner mindestens so solide wie das Kapitol und die Federal Mall in Washington. Sie waren schließlich das Fundament des Wirtschaftsbooms in den 50er- und 60er-Jahren. Sie waren die Basis für die wachsende Mittelschicht: Sie stellten sowohl Millionen Arbeitsplätze als auch Anlagemöglichkeiten für »average Joe«, den amerikanischen Otto Normalverbraucher.

Man besaß Kühlschränke von General Electric, den Telefonanschluss von AT&T, das Auto von General Motors oder Chrysler, ausgestattet mit Reifen von Goodyear und betankt bei Standard Oil oder Texas, aß Lebensmittel von General Foods und verwendete Kosmetikartikel von Procter & Gamble. Das war der American Way of Life: das kleine Haus auf eigenem Grundstück, ein Auto, zwei Kinder und die Möglichkeit, diesen eine vernünftige College-Ausbildung zukommen zu lassen. Wer bei den genannten »Schwergewichten« angestellt war, kam in den Genuss von firmeneigenen Krankenversicherungspaketen, Altersvorsorge und anderen Bonusleistungen. Und nicht zuletzt von Aktien.

Bereits im Jahr 1962 besaßen laut einer Umfrage der Federal Reserve 33 Prozent der Amerikaner Aktien oder Bonds. Acht Jahre später waren es schon 52 Prozent, das heißt, jeder zweite Amerikaner besaß Wertpapiere, davon je knapp die Hälfte Aktien und »Saving Bonds« (25 beziehungsweise 27 Prozent).[3] Zum Höhepunkt der Dotcom-Welle waren 62 Prozent der Amerikaner direkt oder indirekt im Besitz von Aktien.

In Deutschland zeichnete sich dieser Trend sehr viel später und langsamer ab: Während 1988 laut einer Infratest-Umfrage nur 6,5 Prozent der Deutschen in Aktien investierten, waren es 1991 immerhin 8,9 Prozent (sowohl direkt in Aktien als auch über Investmentfonds)[4] und 2001, kurz nach dem Höhepunkt der Dotcom-Welle, ganze 20 Prozent – ein historischer Höchststand. Bis 2009 sank der Anteil der Privatanleger auf ein Zwischentief von 13,6 Prozent und ist inzwischen wieder auf 14,7 Prozent angestiegen.[5]

Die Schweiz hat seit dem Internetboom einen noch deutlicheren Rückgang zu verzeichnen: Dort hielten im Jahr 2000 knapp 30 Prozent der Bürger Aktien direkt oder indirekt über Fonds. Bis 2011 sank dieser Wert auf 17 Prozent.[6]

Auch heute noch haben laut Gallup 52 Prozent der Amerikaner Geld direkt oder indirekt in Aktien angelegt.[7] Kein Wunder: Bis heute bestehen wesentliche Teile der amerikanischen Altersvorsorge aus Aktien. Amerikaner haben entweder steuervergünstigte Aktienfonds, zu denen Arbeitnehmer und Arbeitgeber zusammen beitragen, oder Pensionsfonds von Unternehmen, Gewerkschaften und öffentlich Bediensteten, die wiederum einen großen Teil ihrer Investments in Aktien anlegen.

Amerika hat es wie kein anderes Land verstanden, aus Sparern Investoren und aus Eigentümern Schuldner zu machen. Eine Hypothek zu haben, gehört zum American Way of Life wie Senf zu Hotdogs. Und wer studiert, verschuldet sich – oft mit Hunderttausenden von Dollars, oft lebenslang. Damit schlägt aber auch die Zinspolitik der Federal Reserve direkt auf den Alltag durch. Entsprechend höher ist die Abhängigkeit der Main Street von der Wall Street, der Normalverdiener von den Kapitalmärkten. Vor allem der hohe Anteil an Aktien in den Portfolios hat bittere Konsequenzen für Normalverdiener in Zeiten, in denen es Rückschläge am Aktienmarkt gibt. Nach 2008 mussten viele meiner amerikanischen Freunde 30 bis 40 Prozent Verluste ihrer Ersparnisse hinnehmen – wenn auch meist nur auf dem Papier. Wer allerdings das Geld aus den Fonds benötigte – etwa als Rentner oder weil er sonst die Raten für die Hypothek nicht zahlen konnte –, der musste ganz reale, schwere Verluste erleiden.

Worin besteht der Vorteil gegenüber Staaten, deren Bürger ihr Geld lieber in ein Sparbuch oder Immobilien stecken? Für die Finanzierung neuer, riskanter Ideen lässt sich bis heute kaum irgendwo so problemlos Kapital finden. Nach wie vor kommen Start-ups aus Europa in die USA, um sich die Finanzierung zu sichern. Und eine ganze Zeit lang gab es auch für Normalbürger die Chance, an den Gewinnen teilzuhaben. (Klar, auch an den bombastischen Fehlschlägen, aber damit können Amerikaner entspannter umgehen.) Diesen demokratischeren Zugang hat nicht zuletzt der Aufstieg der öffentlichen Börsen wie der New York Stock Exchange und ihrer Erzrivalin, der NASDAQ, möglich gemacht. Die Zeit, die mit den Räuberbaronen begann, geht jetzt ihrem Ende entgegen – mit dramatischen Folgen für Wirtschaft und Gesellschaft.

Sind Börsianer Zyniker?

Wer hat sie nicht gesehen – die Bilder während der Finanzkrise 2008 von zerknirschten Brokern auf dem New Yorker »Parkett«, das Gesicht in den Händen vergraben. Sie wurden in die Wohnzimmer der Fernsehzuschauer übertragen, starrten von den Titelseiten von Zeitungen und Magazinen. In ihrer eigenen Art machten sich die Händler an der NYSE einen Scherz daraus. Sie schlossen Wetten ab, wer es wohl am nächsten Tag auf die Titelseite des *Wall Street Journal*, der *New York Times* oder der *Financial Times* schaffen würde. Das heißt aber nicht, dass sie die Krise nicht ernst nahmen. Es war ein Ventil, um Dampf abzulassen. Broker müssen in einer für sie unübersichtlichen Situation schnelle Entscheidungen treffen, bei denen sie für Normalbürger schamlose Summen riskieren – und sie müssen nicht nur eigene Verluste verschmerzen, sondern das meiste davon später ihren Auftraggebern gegenüber verantworten. Wenn Panik aufkommt, die Kurse abstürzen und man trotzdem einen Auftrag erteilen muss, sagte mir einmal ein Veteran auf dem »Floor«, dann fühle sich das so an, wie wenn man einen heranrasenden Lkw sieht und dennoch auf die Fahrbahn tritt.

Auch Stephen Guilfoyle ist ein Wall-Street-Veteran. Er stammt aus einer alten Militärfamilie und gehört offiziell immer noch zu den Marines – und trägt bis heute die Haare militärisch kurz. Doch Guilfoyle ist äußerst umgänglich. Er lächelt fast immer. Sogar, als ihm Ende 2012 wie so vielen Tradern mitgeteilt wurde, dass seine Stelle auf dem »Parkett« gestrichen worden sei. Stephen war schon beim Großen Crash 1987 dabei, als der Dow Jones innerhalb eines Tages über 20 Prozent einbrach. Das sei eine andere Zeit gewesen, erzählt Guilfoyle. Es habe damals einen gewaltigen Verkaufsdruck gegeben. Er und seine Kollegen hätten sich dagegen gestemmt, um den Markt zu stabilisieren. Heute gebe es das bei dem ganzen elektronischen Handel in der Form nicht mehr. Damals waren es noch echte Menschen, die echte Entscheidungen trafen. Das sei damals noch ein wahrer Auktionsprozess gewesen – das fairste System, das es für die Öffentlichkeit gab.

Doch was genau passiert denn an der Börse? Die Börse ist in erster Linie ein Markt. Wie an jedem anderen Markt auch, egal ob ein Flohmarkt oder Wochenmarkt, wird etwas verkauft und etwas gekauft. Um das zu tun, benötigt man eine Lizenz. Auch das ist bei einem Wochenmarkt nicht anders. Und es gibt eine Marktaufsicht.

An der Börse kommen Anbieter und Nachfrager von Kapital zusammen. Man könnte fast schon sagen, es ist die reinste Form des kapitalistischen Systems.

Wer sind die Treiber hinter diesem Markt? Es geht darum, schneller und schlauer als die anderen zu sein. Wer Aktien, Bonds oder Devisen kauft, der geht davon aus, dass der Verkäufer nicht weiß, was der wahre Wert der von ihm verkauften Papiere oder Währungen ist. Und umgekehrt ist der Verkäufer überzeugt, dass der Käufer nicht überblickt, dass er einen schlechten Deal macht. Der Unterschied zwischen den beiden Parteien ist die Information. Wer richtig liegt – und sei es nur für den Bruchteil einer Sekunde – macht Gewinn. »There is a sucker born everyday!« Was so viel wie »Jeden Tag steht ein Dummer auf« bedeutet. Der Spruch wird gerne dem schillernden sowie brillanten New Yorker Zirkuspionier und Schausteller PT Barnum zugesprochen (der seine Karriere damit begann, eine nahezu blinde und gebrechliche Sklavin zu engagieren, von der er behauptete sie sei 160 Jahre alt und obendrein George Washingtons Amme gewesen).

So spotten die Wall-Street-Jungs, wenn sie glauben, jemandem fehle das richtige Insiderwissen. Es ist nicht genug, eine Information zu haben, sondern man muss sie auch richtig interpretieren können. Man muss kalkulieren, was all die anderen möglichen Interessenten aus der Information machen, und ihnen möglichst zuvorkommen. So kommt es, dass Außenstehenden die Reaktionen der Börse oft zynisch erscheinen, sie aber logisch sind. Ein Unternehmen entlässt Hunderte Mitarbeiter, und der Aktienkurs steigt. Die Börsianer bejubeln, dass Menschen morgen ohne Abeit sind? Doch aus der Sicht der Investoren ergibt es einen Sinn – die Kosten fallen, es bleibt unter dem Strich mehr übrig für die Anteilseigner. Es ist schwer für Unternehmen, sich dieser Logik zu entziehen. Selbst Anlegerliebling Google wurde abgestraft, als der Suchmaschinenbetreiber massiv neue Mitarbeiter einstellte.

Folgt man der Logik der Börse, können die höheren Gewinne aus dem nun schlankeren Unternehmen wieder in andere vielversprechende Betriebe investiert werden – entweder durch Kauf von Aktien eines anderen Unternehmens oder durch den Kauf eines Porsches durch den Großaktionär. Auch wenn es gegen das Bauchgefühl vieler Nichtbörsianer geht: Die

Rolle der Börse besteht darin, Geld unnachgiebig dahin zu lenken, wo es am meisten Rendite bringt. Es ist gewiss nicht die sozial gerechteste Verteilung. Aber die Alternativen, etwa wenn einige Gewählte oder Selbsternannte – Beamte, Oligarchen, Parteifunktionäre, Diktatoren, Komitees – die Auswahl vornehmen, sind meiner Ansicht nach mit weit mehr Problemen behaftet.

Was viele vergessen: Über die Börse können Kritiker auch Druck auf Unternehmen ausüben. Wenn Missbrauch oder Skandale an den Tag kommen, bewirkt der folgende Kurssturz meist viel schneller und nachhaltiger eine Reaktion bei den betreffenden Unternehmen als das Einschreiten der Behörden, die es bei großen und einflussreichen Unternehmen oft genug bei einer Warnung belassen. Auf diese Weise macht die Börse die Angelegenheiten der großen privaten Corporates öffentlich und zwingt sie, Rechenschaft abzulegen.

In diesem Zusammenhang wird auch die Rolle der Ratingagenturen häufig überschätzt. Der Markt braucht diese Einschätzungen nur bedingt. Das gilt auch für Studien von Organisationen wie dem IWF oder der OECD. Selbst die große Finanzkrise 2008 wurde in gewisser Hinsicht von der Börse erwartet. Das Ausmaß hat jeden überrascht – auch die Börsenprofis. Aber die Kurse von Bank- oder Immobilienaktien waren schon lange vor der Pleite von Lehman Brothers ins Trudeln geraten. Doch die Vorboten schien niemand richtig ernst zu nehmen. Die Gesetzgeber und Regulierer fingen erst nach der Insolvenz dieser Investmentbank am 15. September 2008 langsam an, die moderne Finanzwelt und die Zusammenhänge zu verstehen.

Der Traumjob

Nach meiner ersten Zeit auf dem »Parkett« der NYSE gewöhnte ich mich an die Rhythmen und Gepflogenheiten, an das Gerenne und Geschrei. Doch es sollte etwas länger dauern, bis ich verstand, welches System hinter all dem Gewusel steckte. Was ich täglich hier erlebte, war eine offene, laufende Auktion, nur dass keine Bilder von Picasso oder Warhol unter den Hammer kamen, sondern die Aktien von Unternehmen. Versteigert wurden sie von den Spezialisten. Die hießen so, weil sie jeweils für bestimmte Unternehmen beziehungsweise deren Aktien zuständig waren. Bieter waren die Händler – Broker oder Trader genannt –, die sich um die Spezialisten scharten.

Als ich Ende der 90er-Jahre an die Wall Street kam, lief ein typisches Geschäft wie folgt ab: Ein Kunde erteilte einer Bank einen Großauftrag. Das konnte eine Pensionskasse, ein Hedgefonds oder ein anderer Kunde sein (für Kleinanleger vermittelte in der Regel die Bank den Auftrag, meist im Bündel mit anderen Aufträgen). Angenommen also, der Kunde will 200 000 Aktien von General Electric kaufen. Er ruft bei seinem Banker an. Dieser leitet den Auftrag an seine Mitarbeiter auf dem »Parkett«, die Trader oder Händler, weiter. Die Trader sind beauftragt, die Aktien jeweils zum bestmöglichen Kurs zu erwerben oder zu verkaufen.

Der Auftrag, die General-Electric-Aktie zu kaufen, kam damals noch oft über Telefon, aber auch über PC. Mit ihm läuft der Trader zu dem entsprechenden »Post«, wo der Spezialist General-Electric-Aktien »versteigert«. Hier findet das eigentliche Geschäft statt. Diese »Posts« stehen in der Mitte des Börsensaals. An jedem »Post« werden Dutzende Aktien gehandelt. Jede Aktie gibt es aber nur an einem Ort. Auch das ist wie auf einem Wochenmarkt. An einem Stand gibt es Obst, an einem anderen Fisch und daneben

Brot. Hier auf dem »Parkett« sind das Firmenanteile. Bei »Post« 10 werden etwa Procter & Gamble, General Motors oder SAP gehandelt. An »Post« 7 wechseln Aktien von McDonald's, Goldman Sachs oder Wal-Mart den Besitzer. Hier kommen Angebot und Nachfrage physisch zusammen. Betrieben werden die »Posts« von Spezialistenfirmen. (Heute heißen sie »Market Maker« aber die Funktion ist eine ähnliche geblieben.) Die Spezialisten nehmen nun die Gebote der Käufer und Verkäufer entgegen und ermitteln einen aktuellen Preis, zu dem jeweils die meisten Order befriedigt werden können. Das ist der Kurs und der wird öffentlich bekannt gegeben. Im Grunde sind das Auktionen, die in Augenblicken immer wiederholt werden.

Die Spezialisten waren leicht zu erkennen, sie trugen schicke Anzüge, wenn auch nach amerikanischer Art häufig ein wenig kurz um die Knöchel herum. Jeder Spezialist und Händler trägt bis heute ein Schild mit einer Nummer auf seinem Jackett – damit man sofort weiß, wen man vor sich hat. Als sich noch Tausende Trader und Spezialisten auf dem »Parkett« drängelten, kannten sich manche nur über ihre Nummer. »Hey 1261, ich will 5000 PG Aktien kaufen!«, rief dann einer dem anderen zu.

An den »Posts« beginnt ein Pokern. Niemand wird sofort 200 000 Aktien auf einen Schlag kaufen, denn das würde den Preis in die Höhe treiben und der Kunde würde sich damit selbst schaden. Stattdessen wird der Kaufauftrag gestückelt. Da werden mal 5000 oder 10 000 Aktien gekauft, dann noch mal 20 000 und wieder 10 000. Bis die 200 000 Aktien komplett sind. Dabei spielt die Verfügbarkeit der Aktie, die Liquidität, eine wichtige Rolle. Wenn etwas nicht verfügbar ist, also keine Verkäufer da sind, treibt die Nachfrage die Preise in die Höhe. Wenn das Angebot aber zu hoch ist, dann fällt der Kurs – zu wenige Käufer stehen zu vielen Verkaufswilligen gegenüber. Eine stabile, hohe Verfügbarkeit – also Liquidität – von Angebot und Nachfrage ist ein wichtiger Vorteil der Börse. Denn das steigert die Chance der Auftraggeber, dass sie ihre Preisvorstellung für ihre Aktie tatsächlich durchsetzen können.

Zu den Vorteilen der New Yorker Börse gehört die hohe Liquidität. Hier müssen Investoren in der Regel nicht lange warten, bis ihre Aufträge ausgeführt werden. Auch das senkt das Risiko für den Auftraggeber, womöglich unerwartete Kursschwankungen zu erleben, während sein Auftrag ausgeführt wird. All diese Chancen und Risiken mögen dem Nichtbörsianer nicht besonders aufregend vorkommen – an der Wall Street drücken sich solche Vor- und Nachteile allerdings wie (fast) alles in barem Geld aus. Wer in einem Markt mit wenig Liquidität handeln muss, wird dafür Risikozuschläge auf seine Gebote draufschlagen. Das macht Aktien teurer als sie eigentlich sein müssten.

Spezialisten gab es nur an der NYSE, ihr System war einmalig. Sie beschränkten sich nämlich nicht nur auf die Rolle des Auktionators. Sie konnten bei Bedarf, wenn sich etwa nicht genug Verkäufer fanden, mit eigenen Aktienpaketen für die entsprechende Verfügbarkeit sorgen. Oder sie kauften mit eigenem Kapital, wenn sich nicht genug Abnehmer für die Aktien »ihres« Unternehmens fanden. Das sorgte dafür, dass sich die Kurse an der NYSE – abgesehen von wilden Ausnahmetagen – in relativ ruhigen Bahnen bewegten. Das war für die Anleger von Vorteil – denn es senkte ihr Risiko. Es war aber auch gut für die Unternehmen, denn das machte ihre Aktien attraktiver für Langzeitanleger. Wer außer einem absoluten Zocker will in einem Wert anlegen, der wie ein Jo-Jo auf und ab tanzt? Und wer will einen Zocker als Anleger? Das Arrangement war allerdings auch lukrativ für den Spezialisten. Er durfte nämlich bei seinen Einsätzen mit seinem eigenen Kapital durchaus Gewinne machen. Und weil Spezialisten wie niemand anderer wussten, wie der Kurs sich gerade bewegte, waren ihre »Posts« auf dem NYSE-»Parkett« über Jahrzehnte praktisch Goldgruben.

Wissen ist Cash

»Wir stehen für den besten Preis und hohe Liquidität«, das war immer wieder von den Tradern und Spezialisten auf dem »Parkett« zu hören. Doch wo es um viel Geld geht, ist die Versuchung groß, das System auszutricksen. Und das war an der NYSE nicht anders. Natürlich waren die Spezialisten wie die Trader gehalten, ihr Insiderwissen über eingehende Order nicht zu ihrem persönlichen Vorteil zu nutzen: das sogenannte Front Running, bei dem die Jungs auf dem »Floor« praktisch vor dem Auftrag des Kunden handeln. Abgesehen davon, dass es unfair gegenüber den restlichen Marktteilnehmern ist, geriete ein solches Verfahren zum Nachteil des Kunden. Denn wer weiß, dass ein Auftrag von 200 000 General-Electric-Aktien ansteht, der den Kurs steigen lassen wird, kann selbst GE-Papiere schnell noch zu einem niedrigeren Preis kaufen und postwendend zu einem höheren Preis wieder verkaufen. Eine sichere Sache. Nur leider sehr illegal. Front Running gab es immer wieder, und Großinvestoren und Banken beäugten das NYSE-»Parkett« deshalb oft misstrauisch. Einer der größten Skandale dieser Art kam 2003 ans Licht. Die US-Wirtschaft taumelte noch nach dem Platzen der Internetblase, den Terroranschlägen und der Rezession, da sorgte ein neuer Skandal an der Wall Street für Schlagzeilen. »Big Board Blues« titelte das Boulevardblatt *New York Post*.

Gleich mehrere Spezialisten waren in den Front-Running-Skandal verwickelt. Zu den prominentesten Fällen gehört David

Finnerty. Er war damals siebenunddreißig Jahre alt, immer für einen Witz zu haben, auf dem »Parkett« durchaus beliebt. Finnerty arbeitete für Fleet Boston, die mittlerweile in das Bank-of-America-Imperium integriert wurden. Bei den Transaktionen oder Trades ging es um Aktien von General Electric. GE war zu der Zeit der größte Konzern auf der Welt mit ausstehenden Aktien im Wert von knapp 280 Milliarden Dollar – das entsprach fast dem gemeinsamen Bruttoinlandsprodukt von Finnland und Dänemark. Um wie viele Trades es genau ging, wurde nie bekannt. Finnerty verlor seinen Job. Aber es kam nie zu einer Verurteilung. Im Mai 2009 einigte sich Finnerty mit der Börsenaufsicht SEC auf eine Strafzahlung in Höhe von 150 000 Dollar. Bis heute hat Finnerty den Vorwurf des Front Running nie bestätigt, aber auch nicht bestritten.

Auf dem »Parkett« regen sich die Händler noch heute über die Affäre Finnerty auf. Er sei ein richtig guter Typ gewesen. Ja, Front Running gab es, sagen sie. Es wird kolportiert, dass auch eine der wenigen Frauen auf dem »Parkett« ihren Wissensvorsprung kräftig missbraucht hätte. Aber Finnerty? Nein, der sei sauber gewesen. Die Behörden hätten einen Schuldigen gebraucht und sich auf Finnerty eingeschossen. Das Letzte, was er gehört habe, sagt ein Händler, sei, dass Finnerty jetzt irgendwo in Florida für einen Limousinenservice fahre.

Für die Börse war der Spezialisten-Skandal ein gewaltiger Imageschaden. Er kam ausgrechnet zu einer Zeit, als neue Konkurrenten in Washington Verbündete gewannen, die Vorherrschaft der NYSE durch eine Liberalisierung der Wertpapiermärkte zu brechen. Es sollte ein weiterer Sargnagel für ein System sein, das mehr oder weniger unverändert seit über zweihundert Jahren praktiziert und angepriesen wurde.

Dick Grasso – der Letzte seiner Art

Was hatte ich mir vorgestellt? Eine Art Gordon Gekko, jenen Antihelden aus dem Hollywood-Reißer *Wall Street*, mit breitem Grinsen, gegeltem Haar, Button-down-Hemd und überbreiten Hosenträgern? Einen älteren Herrn im feinen Nadelstreifenzwirn mit Einstecktuch und grauem Schnauzer? Ich weiß nicht, wie ich mir den Chef der immerhin größten Aktienbörse der Welt vorgestellt hatte. Auf keinen Fall als ein schmächtiges Männchen mit Glatze, Fistelstimme, das mir etwa bis zur Schulter ging und irgendwie in einen Warner-Brothers-Trickfilm gepasst hätte. Richard Grasso – von seinen wenigen Freunden und vielen Feinden Dick genannt – war in fast jeder Hinsicht eine ungewöhnliche Wahl für einen NYSE-Boss. Persönlich kennengelernt habe ich den Herrscher der Börse in meinen Anfangszeiten Ende der 90er-Jahre, seiner Glanzzeit, nicht. Doch sein markanter, leicht eckiger Glatzkopf war nahezu unübersehbar. Überall in den Fluren der Börse hingen Fotos von Grasso. Wie er verschiedenen US-Präsidenten die Hand schüttelt. Wie er mit Hollywoodgrößen, Popsternchen und Sportstars posiert. Wenn Grasso über das »Parkett« lief, dann wurde es dort merklich ruhiger. Ein Gefühl hatte ich bald: Die Händler redeten nicht viel und nicht gern über Grasso – zumindest nicht, wenn Gefahr bestand, dass es ihm zu Ohren käme. Nicht dass es keine Gerüchte gegeben hätte. In seinem Büro im sechsten Stock soll es immer rund 30 Grad warm gewesen sein. Seine Besucher sollten gleich ins Schwitzen kommen und sich gar nicht erst wohlfühlen. Die Händler an der Börse haben bis heute derbe Sprüche drauf. Die Gepflogenheiten sind in der Hektik des Geschäfts häufig rau. Aber niemand traute sich, über Grassos Körpergröße oder seine Glatze zu spotten. Und das lag nicht nur daran, dass er es schaffte,

Hunderte in- und ausländischer Unternehmen an seine Börse zu locken. Seine Börse? Die Börse gehörte ja nicht Grasso. Er war lediglich Chairman. Die »Members«, die Mitglieder, hatten eigentlich das Sagen. Aber Grasso war damals die NYSE.

Das war ihm alles andere als vorherbestimmt. Geboren wurde er in einfachen Verhältnissen im Stadtteil Queens. In den Straßen dieses rauen Viertels lernte er, sich durchzusetzen. Sein Vater hatte die Familie verlassen, als er noch ein Kleinkind war, also wurde er von seiner Mutter und zwei Tanten aufgezogen. Das College brach er ab und verpflichtete sich lieber für zwei Jahre bei der Armee. Mit einundzwanzig Jahren fing er dann als Laufbursche bei der Börse an. Das war 1968, der wöchentliche Lohn betrug 81 Dollar. Schnell stieg der Italoamerikaner auf. Bereits 1973 wurde er Direktor für Listings und Marketing und war damit für die Akquise neuer Unternehmen zuständig. Seine Mutter hatte immer gehofft, dass ihr Sohn Polizist würde. Grasso selbst erzählte in Interviews gerne die Geschichte seiner Beförderung zum Vizepräsidenten der NYSE. Statt ihm zu gratulieren, soll seine Mutter nur gesagt haben: »Du hättest es auch zum Sergeant geschafft.«[8]

1995 schließlich war Grasso an der Spitze angekommen: Er wurde zum Chef der New York Stock Exchange ernannt. Vom Laufburschen zum CEO – das ist sonst niemandem an der über zweihundert Jahre alten Institution gelungen.

Seine Methoden finden sich sicher nicht in den Vorlesungen der Harvard Business School. Er sei sehr gut darin gewesen, Leute zu zerstören und Drohungen wahr zu machen, sagen Trader, die zu seiner Zeit auf dem »Floor« arbeiteten: »If you pissed him off, you're back on the streets of Queens.«[9] Selbst Unternehmenschefs stellte er zur Rede, wenn sie seiner Meinung nach zu wenig taten, um ihre Aktien zu fördern.

Doch Grasso hatte auch eine andere Seite: Er besaß Showtalent. Nicht zuletzt war er es, der durch unermüdlichen Lobbyismus bei Politik und Wirtschaft der NYSE die Rolle eines nationalen Symbols verschaffte. Er verwandelte das Läuten der Eröffnungs- und Schlussglocke an der Wall Street zu einem globalen Medienereignis. Noch heute übertragen Fernsehsender weltweit jeden Tag die Eröffnungs- und Schlusszeremonie aus New York. Der Börse zufolge ist es das meistgesendete News-Element auf der Welt – und Gratis-PR für die NYSE und dort gelistete Unternehmen. Grasso war zudem ein genialer Verkäufer. Es gelang ihm durch das persönliche Umschmeicheln von Konzernlenkern aus aller Welt, Hunderte von Firmen an die New Yorker Börse zu bringen. Innerhalb weniger Jahre wurde so die Zahl ausländischer Unternehmen an der NYSE mehr als verdoppelt.[10]

Grasso beherrschte die Inszenierung. Beim Börsenboom der 90er-Jahre wurde ausgerechnet der kleine Glatzkopf zum Aushängeschild der NYSE und ließ sich einiges einfallen, um geltungsfreudige CEOs in Szene zu setzen.

So fuhr er zum 150. Jubiläum von Wells Fargo, heute einer der führenden Banken, mit einer Postkutsche vor der Börse vor. Unvergesslich ist bis heute sein Auftritt als Energizer-Bunny. Da läutete er die Eröffnungsglocke zu Ehren des Batterieherstellers Duracell – mit rosa Plüschohren ausstaffiert. Für den Kinder-Fernsehsender Nickelodeon ließ er sich mit grünem Schleim übergießen. Und er brachte Prominente wie Supermodel Gisele Bündchen oder sein persönliches Idol Muhammad Ali auf den Balkon der Börse. Selbst Kühe, Löwen oder Schimpansen durften zu seiner Amtszeit auf das »Parkett«. Grasso soll absolut furchtlos gewesen sein und nicht eingesehen haben, dass er Händler in Lebensgefahr hätte bringen können. Ein Händler erzählt, er habe ein schönes Foto von Grasso und einem Löwen gemacht, wobei er allerdings nicht sagen könne, wer mehr Angst vor wem habe.

Bei den alteingesessenen Börsenmitgliedern sorgten solche Spektakel nicht immer für Begeisterung. Michael LaBranche, der Chef der Spezialistenfirma LaBranche & Co., etwa hielt Grasso für einen Tyrannen und Angeber und verabscheute, wie dieser die ehrwürdige Institution als Showbühne missbrauchte. Doch LaBranche war als Spross einer der großen Dynastien der NYSE kein Unparteiischer. Er gehörte zu den schärfsten Kritikern Grassos. Doch es waren wohl auch höhere Gebühren, die Grasso einführte, etwa für die Spezialisten und Händler bei gleichzeitig steigenden Bezügen für sich selbst, die letztlich den Widerstand auslösten. Zudem gab sich Grasso als Alleinherrscher, was die alten Familienfirmen wie LaBranche, eine der ältesten und um die Jahrtausendwende größte Spezialistenfirma auf dem »Parkett«, beunruhigte. Im Januar 2010 wurde das »Floor«-Geschäft von LaBranche endgültig an die britische Großbank Barclays verkauft. Michael LaBranche sehe ich heute noch ab und zu, wenn er etwa zu Jubiläen und Verabschiedungen alter Händler zu Besuch auf das »Parkett« kommt.

Warum ließen die meisten Händler und Spezialisten Grasso dennoch so lange gewähren? Nun, Grasso verhalf nicht nur der Börse zu einem besseren Ansehen, er machte ihre Mitglieder auch reich: Der Preis eines Sitzes auf dem »Parkett« verdreifachte sich nahezu unter seinem Management: von 760 000 Dollar noch im Jahr 1994 auf über 2 Millionen im Jahr 2003. Das Handelsvolumen an der NYSE erreichte mit dem ersten »1 billion shares-trading day« am 27. Oktober 1997 in seiner Amtszeit neue Dimensionen.

Unerbittlich hielt Grasso jedoch an den traditionellen Handelssystemen fest. Die Mitglieder »seiner« NYSE verdienten damit jahrzehntelang sehr viel Geld. Doch Grasso verzögerte die Einführung des elektronischen Handels. Er war versessen auf Prestige. Er speiste und parlierte mit den Großen der Welt. Da passten Start-ups von turnschuhtragenden Exstudenten aus dem Silicon Valley nicht auf sein »Parkett«. So verpasste die NYSE ausgerechnet unter ihrem wohl ehrgeizigsten Vorkämpfer und unermüdlichsten Verkäufer den Anschluss an das neue, das digitale Zeitalter.

NASDAQ – die Rivalin

Die Bilder gingen um die Welt. In Handschellen wurde Bernard L. Madoff abgeführt. Es war der 11. Dezember 2008. Nur Wochen zuvor hatte das globale Finanzsystem vor dem Kollaps gestanden, die Empörung über das, was die Wall Street angerichtet hatte, war enorm. Und nun war einer ihrer bekanntesten und scheinbar erfolgreichsten Geldverwalter als gigantischer Betrüger enttarnt worden. Sein Schneeballsystem war einen Eintrag ins Guinessbuch der Rekorde wert. 50 Milliarden Dollar hatte er über Jahrzehnte hinweg gutgläubigen Anlegern abgeluchst. Das entspricht in etwa dem Verteidigungshaushalt der Bundesrepublik Deutschland. Doch was die Wall Street schockte, waren nicht die schier unglaubliche Summe oder die Kaltschnäuzigkeit, mit der er seine Opfer systematisch ausgenommen hatte. An Größenwahn und Abgebrühtheit besteht kein Mangel an der Street. (»Gerüchte um Bernie gab's immer – er war einfach zu gut, um wahr zu sein«, wie ein Hedgefonds-Manager und Madoffs einstiger Nachbar in der Reichenoase Palm Beach nach dessen Verhaftung schulterzuckend bemerkte.) Was die Madoff-Affäre für die Finanzgemeinde so unangenehm machte: Madoff war kein x-beliebiger Fondsmanager. Er verfügte über alle notwendigen Attribute – ein Apartment an der noblen Upper Eastside, wo altes Geld und Hedgefonds-Manager zuhause sind, das Strandhaus im exklusiven Palm Beach in Florida. Dort ankerte auch seine Jacht – die »Bull«, getauft nach dem unmissverständlichen Symbol der Wall Street. Er spendete sowohl für Hillary Clintons Senatswahlkampf als auch für wohltätige Zwecke. Und sein Prominentenstatus war keineswegs erschwindelt. Er war einer der Männer, die die Wall Street nachhaltig verändert haben. Ein Pionier des elektronischen Handels.

Es war die klassische Wall-Street-Selfmade-Geschichte. Madoffs Aufstieg begann am unglamourösen Strand von Long Island – als Rettungsschwimmer. Was er dort zusammenkratzte, steckte er in seine Börsengeschäfte. Für das Auf und Ab der Kurse, den Markt, hatte er ein untrügliches Gespür. Und er erkannte früh, dass sich Computer perfekt für Börsentransaktionen eignen. Madoff handelte nicht mit den Aktien der »Blue Chips«, jenen Ikonen der amerikanischen Wirtschaft, wie die Händler an der NYSE. Er schacherte stattdessen mit Aktien von Unternehmen, die an keiner Börse notierten. Mit dem »Abschaum«, wie er selbst einmal sagte. Das war sicher übertrieben: In der Regel waren es kleinere, unbekanntere Unternehmen, deren Eigentümer oder Investoren ihre Anteile verkaufen wollten. Die Transaktionen wurden von den Brokern meist per Telefon abgewickelt. Um das Geschäft lukrativer und einfacher zu machen, begann Madoff, Kurse für die Aktien, mit denen er handelte, per Computer zu erstellen und an Kunden und andere Händler zu verbreiten. Sein System war so überzeugend, dass sich die National Association of Securities Dealers, die Standesorganisation der Börsenhändler, die den außerbörslichen Aktienhandel zu überwachen hatte, dafür interessierte. Es wurde die Grundlage für einen neuen vollelektronischen Markt: die National Association of Securities Dealers Automated Quotations, heute besser bekannt unter ihrem Kürzel NASDAQ.

Sie wurde die erste vollelektronische Börse der Welt. Was die New York Stock Exchange für General Electric, Procter & Gamble und Coca-Cola war, das sollte die NASDAQ für die neuen Technologiestars aus dem Silicon Valley werden. Vor allem die Start-ups aus dem Hightech-Bereich wurden von der modernen Börse angezogen. Es war für Unternehmen, die zwar über große Ideen, aber meist über keine Gewinne verfügten, sehr schwierig, den Anforderungen der NYSE zu genügen. Die Traditionsbörse nahm nicht jedes Unternehmen auf, schon gar nicht eines, das von irgendwelchen unbekannten Exstudenten betrieben wurde, die ebenso unbekannte neue Produkte für noch zu erwartende Märkte vertreiben wollten. So kam es, dass die neuen Stars der Internetära wie Yahoo, AOL, Google, Amazon, Cisco, Starbucks oder Apple an der NASDAQ ihr Debüt feierten. Lange nahmen die Händler an der New York Stock Exchange die neue Rivalin nicht wirklich ernst. Bis sie in den 90er-Jahren feststellen mussten, dass ihnen die so verachteten »Penny Stock Pusher« der NASDAQ drohten den Rang abzulaufen.

Die Party steigt im World Wide Web

Es war in den 90er-Jahren, als das »www« den Durchbruch in die breite Anwendung in Wirtschaft und Alltag schaffte. Damals herrschte Aufbruchstimmung in den USA. Bill Clinton wurde zum Präsidenten gewählt. Das Internet und vor allem die Spekulation über dessen immer neuen Möglichkeiten lösten eine Welle des Optimismus aus. Keine Erwartung schien zu vermessen für die Gurus der »New Economy«. Selbst die Deutschen ließen sich anstecken. In Frankfurt entstand der »Neue Markt« als Ableger der Deutschen Börse, der im Sommer 2003, sechs Jahre nach Gründung, skandalgeplagt wieder geschlossen werden sollte.

Schlaksige Jungs, fast noch Teenager, wurden über Nacht zu Millionären. Dazu gehörte etwa der zwanzigjährige Sean Parker, der mit Napster die Musikindustrie aufmischte. Über Napster konnten die User kostenlos Musik austauschen und herunterladen. Gewinne erzielte Napster nie und musste nach zahlreichen Urheberrechtsklagen 2001 den Geschäftsbetrieb einstellen.[11] Im Sommer 2013 sorgte Parker erneut für Schlagzeilen, als er Alexandra Lenas in Kalifornien heiratete. Für die Schauspielerin, ein Fan der Filmtrilogie *Der Herr der Ringe*, scheute Parker keine Kosten. Rund 4,5 Millionen Dollar kostete die Hochzeit, bei der ein Campingplatz in eine Fantasiewelt verwandelt wurde.

Selbst uns Journalisten wurde damals erzählt, welch goldene Zukunft wir im »Informationszeitalter« vor uns hätten. Angesichts des durch das Web ausgelösten Zeitungssterbens mutet das heute fast schon zynisch an. Damals aber erfasste die Medien ein Fieber.

Die NASDAQ fütterte den Tech-Rausch. Die physischen Handelssysteme betrieb die neue Börse über ihren Hauptsitz erst in Washington, später in Downtown Manhattan, und in ihren Rechenzentren in den Bundesstaaten Connecticut und Maryland. Aber am Times Square, im Herzen New Yorks, errichtete die NASDAQ 1999 die »MarketSite«, eine gewaltige Schaubühne. Auf der damals größten Videoleinwand der Welt wurden die Kurse und Börsengänge eingeblendet und pulsierten Tag und Nacht auf dem belebtesten Platz der City, die nie schläft. Außer der Glitzerfassade gab es den Showroom, dessen Front am Broadway und Ecke 43. Straße komplett verglast ist, nicht unähnlich den Ausstellungsräumen eines Luxus-Autohauses. Dort drängten sich in den Boomzeiten Ende der 90er-Jahre die Reporter. So begehrt war der Auftritt vor dem elektroblauen virtuellen Hintergrund mit den aktuellen Kursbewegungen der Tech-Aktien, dass sich die Berichterstatter im Minutentakt die Mikrofone in die

Hand gaben. Es war ein babylonisches Sprachengewirr mit Kollegen der amerikanischen TV-Sender wie Bloomberg, CNN, den Platzhirschen des Wirtschaftssenders CNBC und den Korrespondenten aus Frankreich, Spanien, Brasilien, Italien, China oder Japan. Von draußen drückten sich die Touristen die Nasen an dem Studiofenster der NASDAQ platt, um einen Blick auf die Sendungen und vor allem die Kursverläufe zu erhaschen. Die NASDAQ war in diesen Tagen populärer als die biedere New York Stock Exchange im alten Finanzdistrikt Downtown.

Partytime

Mit der »New Economy« zog auch unser Geschäft als freie Börsenberichterstatter kräftig an. Bis zu acht Schalten am Tag machten wir! Immer mehr Anleger wollten an diesem Boom teilhaben, deutsche und Schweizer Redaktionen fingen an, sich für Aktienbörsen und besonders die Wall Street zu interessieren. Völlig neue Zeitschriften und TV-Formate entstanden. (Die meisten sind längst wieder Geschichte.) Und mehr und mehr wollten sie Berichte von der NASDAQ, galt sie doch als Tech-Börse. So rangelte auch ich mich bald mit den anderen Korrespondenten um den begehrten Platz auf der NASDAQ-Schaubühne. Täglich kamen neue Unternehmen an die Börse. Für eine wirkliche Analyse, was es mit dem jeweiligen Debütanten auf sich hatte, blieb keine Zeit. Bei der Flut an Zahlen und neuen Firmen ließ sich nur schwer der Überblick behalten. Was mir immer noch in guter Erinnerung ist: Jeder Börsengang an der NASDAQ wurde gefeiert – mit einem Büfett für die Start-up-Macher. Da gab es Krabben, belegte Brötchen und manchmal auch ein Glas Schampus. Und es wurden T-Shirts und Baseballkappen verteilt. Noch heute finde ich in meinem Kleiderschrank eingeschweißte Shirts von irgendwelchen Firmen, die damals an die Börse gingen.

Eine typische Sendung lief dann so ab: Nach kurzer Rücksprache mit der Redaktion rief ich bei der NASDAQ an. »Hey Charlie, blende doch heute mal Peoplesoft, CMGI, den Internetindex, Microsoft und Linux ein. Habt ihr auch einen extra Index für den Biotech-Sektor?« Dann ging es ab zur NASDAQ. Unser Büro lag an der Wall Street. Die NASDAQ hat ihren Showroom am Times Square. Mit der U-Bahn ließ sich das in einer halben Stunde bewerkstelligen. Da die New Yorker U-Bahn nicht sonderlich zuverlässig ist, mussten zur Sicherheit noch weitere zwanzig Minuten eingeplant werden. Zusätzlich noch Zeit für die Maske. Was in meinem Fall bedeutete, mich mit Make-up-Schachteln und Puder kurz in der Toilette der NASDAQ einzuschließen. Dann Mikrofon und Box für den Sendeton abholen und vor die Kamera, die per Joystick aus dem ersten Stock bedient wurde. Fünfzehn Felder konnte ich hinter mir an der digitalen Wand bestücken. Bei ein bis zwei Minuten Sendezeit reichte das gerade, um mit dem Finger an der Wand einmal hoch- und wieder runterzuwandern. »Linux mit guten Zahlen, CMGI mit Kursfeuerwerk, neuer Börsengang, Biotech stark im Plus, neue Rekorde auch an der NASDAQ! Bis später!« Links neben mir redete der Tech-Experte von CNBC mit lauter Stimme mehr oder weniger über das gleiche Thema. Und rechts neben mir versuchte die französische Kollegin, sich nicht von meiner Stimme von ihrer Sendung ablenken zu lassen. Dann betraten die nächsten Kollegen die Bühne. Dieses Prozedere wiederholte sich oft mehrmals am Tag. Doch bei all dem Stress begleitete uns ein Hochgefühl, wir waren schließlich an einer positiven Revolution beteiligt!

In der »New Economy« wurden die alten Regeln über Bord geworfen. Wurde bisher ein Unternehmen aufgrund seines Umsatzes und seiner Gewinnaussichten bewertet, galten solche Werte als überholt. Wie hätte man die neuen Stars auch nach diesen Kriterien bewerten können? Die Firmen fuhren ja keine Gewinne ein. Teilweise verbuchten sie nicht mal Umsatz. Das gerne zitierte Beispiel mit der Serviette, auf welcher der Gründer seine zündende Idee skizziert und damit Millionen von Risikokapitalgebern erhält, hat so nie wirklich stattgefunden – aber es war nur knapp an der Realität vorbei. Zum Teil wurde selbst die »Cash-Burn-Rate« – je mehr Geld Start-ups in einem bestimmten Zeitraum ausgaben, desto besser – als Indikator für Unternehmensbewertungen genommen. Bei Internet-Start-ups wurde die Bewertung nach »Eyeballs« populär. Je mehr Augenpaare von Nutzern eine Internetseite auf sich zog, umso höher fiel der potenzielle Börsenwert aus. Ob und wie ein solches Unternehmen dann tatsächlich diese »Augäpfel« in harten Cash umwandeln konnte, darüber machte man sich erst einmal keine Gedanken. Noch Ende Februar 2000 befand das Wirtschaftsmagazin *Forbes*, das Verfahren sei zwar nicht perfekt, aber was sei im Internetzeitalter schon perfekt. Das Webportal Lycos, das zur Jahrtausendwende noch als Marktführer galt, brachte es so zu einer Summe von 244 Dollar pro Augenpaar und einer gesamten Marktkapitalisierung von 7,4 Milliarden Dollar. Das sei, so urteilte *Fortune* damals, richtig günstig. Im Vergleich dazu brachten es ein paar Augäpfel des Online-Brokers Charles Schwab auf eine Bewertung von 4562 Dollar. Das entspräche, laut *Fortune*, übrigens dem Schwarzmarktpreis für ein paar echte, menschliche Augen.

Die Investoren hatten Angst, den nächsten großen Coup zu verpassen, und kauften fast alles. Den absoluten Höhepunkt erreichte der Hightechboom Ende der 90er-Jahre. 457 Unternehmen gingen 1999 in den USA an die Börse. Und 117 von diesen Unternehmen konnten gleich am ersten Handelstag ihren Aktienkurs mehr als verdoppeln. Das gelang zuvor im gesamten Zeitraum von 1975 bis 1998 nur 39 Börsengängen.[12]

Zu den extremsten Beispielen für überhöhte Unternehmensbewertungen gehörte damals VA Linux Systems. Das Unternehmen bot Computer an, die mit Intel-Prozessoren und dem Open-Source-Betriebssystem Linux ausgestattet waren. Zum Zeitpunkt des Börsengangs arbeitete das Start-up nicht profitabel, hatte sich aber das ehrgeizige Ziel gesetzt, in zwei Jahren mit Marktführer Dell gleichzuziehen. »Open Source« als zukunftsträchtiges Stichwort reichte, um die Dotcom-Investoren in Scharen anzulocken. Am ersten Handelstag am 9. Dezember 1999 stieg die Aktie von 30 Dollar auf 239,25 Dollar. Das war eine Kursexplosion um 697 Prozent – der bis dahin höchste Anstieg einer frischen Aktie an ihrem ersten Handelstag. Sämtliche Mitarbeiter mit Aktienanteilen wurden auf einen Schlag Millionäre – zumindest auf dem Papier. Und nur für kurze Zeit. Ein Jahr nach dem Börsengang war die Aktie gerade noch 8,49 Dollar wert. Im Dezember 2000 bekam ein Viertel der Mitarbeiter den »Pink Slip«, die Kündigung, überreicht.

Theglobe.com war ebenfalls einer der Hot Shots jener Tage. Theglobe.com war eine Art Vorreiter von Facebook, ein soziales Netzwerk, das von Studenten ins Leben gerufen worden war. Beim Debüt an der NASDAQ im November 1998 stieg die Aktie um 606 Prozent auf 63,50 Dollar. Im Januar 2001 gab es die Aktie für 0,045 Dollar – also für weniger als fünf Cent.

Auch E-Commerce war damals ein zentrales Thema – häufig mit viel heißer Luft dahinter. Webvan zum Beispiel, gegründet 1999, war ein Online-Lebensmittelgeschäft. Bei dem Börsengang im März 2000 spielte das Unternehmen 375 Millionen Dollar ein. Schon im Juli 2001 ging Webvan pleite. 2000 Mitarbeiter verloren ihren Job. Das Online-Magazin CNET kürte Webvan zum größten Dotcom-Flop der Geschichte. An zweiter Stelle dieser Negativrangliste wird die Online-Tierhandlung pets.com geführt. Bei pets.com konnten sich Kunden via Internet alles für das Haustier bestellen. Eine gigantische Marketingmaschinerie wurde in Gang gesetzt. Das Aushängeschild war eine Handpuppe, eine Art weißer Strumpf mit Hundekopf. Dieses Maskottchen ließ pets.com 1999 als übergroßen Ballon bei der jährlichen Macy's-Thanksgiving-Parade an der 5th Avenue in New York mitfliegen. So wie aus dem Ballon-Hund war bei pets.com bald darauf die Luft raus. 85 Millionen Dollar hatte pets.com beim Börsengang von Anlegern eingetrieben. Nur neun Monate später folgte der Zusammenbruch. Einzig der Sockenhund, das Maskottchen der gescheiterten Online-Tierhandlung, blieb in Erinnerung – als Symbol für die historische Geldvernichtung der Internetblase.

Falsche Stars

An der Diskrepanz zwischen Börsenbewertung und tatsächlichem Unternehmenswert hatten Medien, aber auch Analysten der Banken und Brokerhäuser keinen geringen Anteil. Henry Blodget ist dafür ein Paradebeispiel. Ende der 90er-Jahre war er Analyst bei der Investmentbank Merrill Lynch und spezialisiert auf den Internetsektor. Seinen Ruf als Seher der »New Economy« verdankte er einem Volltreffer: Obwohl der Onlinehändler Amazon noch Verluste schrieb, sagte Blodget einen exponentiellen Kursanstieg korrekt vorher. Danach waren seine Einschätzungen der Stars von morgen heiß begehrt. Regelmäßig war er beim Wirtschaftssender CNBC oder CNNs »Moneyline« zu sehen und lieferte Investoren wie auch individuellen Anlegern Analysen über die neuesten Start-ups. Sein Jahresgehalt stieg auf 12 Millionen Dollar im Jahr 2001. Unerhört für einen Analysten.

Doch Blodgets Rolle als Cheerleader, als professioneller Anfeuerer, kam nach dem Platzen der Blase ins Zwielicht. New Yorks Generalstaatsanwalt Eliot Spitzer begann, Beschwerden und Klagen von Investoren nachzugehen, die sich geprellt fühlten. Unter anderem klagte ein Kinderarzt aus Queens gegen Blodget und Merrill Lynch. Was Spitzer verdächtig vorkam: Die Analysten lobten oft Unternehmen, deren Börsengang ihre Kollegen aus derselben Bank betreuten – und die dafür saftige Honorare kassierten. Spitzer beschlagnahmte Blodgets interne Dokumente und vor allem seine E-Mails. Darin hörten sich manche Start-ups, die der Analyst öffentlich angepriesen hatte, gar nicht mehr so glänzend an. Ein Unternehmen bezeichnete er schon mal als »a piece of shit«, ein anderes als »Pulverfass«, das bald explodieren werde. In einer außergerichtlichen Einigung stimmte Blodget 2003 einer Geldstrafe von 4 Millionen und einem Arbeitsverbot in der Wertpapierindustrie zu. Heute ist er Chefredakteur des erfolgreichen Online-Wirtschaftsmagazins *Business Insider* – und wird gerne wegen seiner kritischen Wall-Street-Kommentare eingeladen. (Spitzer dagegen musste von seinem Amt als Gouverneur des Staates New York zurücktreten, nachdem er als »Kunde Nummer neun« eines Edel-Escortservice enttarnt wurde.)

Einer der kuriosesten Analysten-Skandale spielte sich rund um die Telefongesellschaft AT&T ab. Kaum etwas in New York ist so entscheidend, wie einen Platz in einer guten Schule für die Kinder zu ergattern. Das fängt schon an, wenn die Kleinen gerade laufen können. Pro Jahr zahlen Eltern bis zu 30 000 Dollar, um ihre Dreijährigen in einer guten privaten Vorschule unterzubringen. Und manche Schulen sind so exklusiv, dass es ohne Empfehlung gar keine Chance gibt. Zu diesem erlauchten Kreis gehört die Y-Vorschule an der Upper East Side, 92. Straße, östlich vom Central Park. Wer das Y besucht, dem ist praktisch ein Studium an der Eliteuniversität Harvard sicher. Heißt es.

Im heißen Herbst 1999 arbeitete Jack Grubman als Analyst für Salomon Smith Barney. Das Brokerhaus gehörte damals noch zur Citigroup. Grubman war auf den Telekommunikationssektor spezialisiert. Er gehörte zu den bestbezahlten Analysten an der Wall Street. Sein Verdienst wurde auf etwa 25 Millionen Dollar pro Jahr geschätzt. Bei seinen Bewertungen bekam die Telefongesellschaft AT&T regelmäßig schlechte Noten. Grubman hatte allerdings auch Zwillingstöchter. Diese wollte er gerne beim Y unterbringen. Er fragte bei Sanford (»Sandy«) Weill, dem Chef der Citigroup, nach. Dieser hatte beste Beziehungen zu der Schule. Er gehörte zu den großzügigen Spendern des Kulturzentrums, an das die Vorschule angeschlossen war. Und er legte ein gutes Wort bei der Schulleitung ein. Grubmans Töchter wurden angenommen. Gleichzeitig brauchte Weill den AT&Boss Michael Armstrong als Verbündeten im Aufsichtsrat von Citigroup. So wusch eine Hand die andere. Und siehe da: Über Nacht änderte Analyst Grubman seine Meinung und empfahl die Aktie von AT&T zum Kauf. Das war so auffällig, dass es eine Untersuchung gab. Sandy Weill räumte zwar ein, dass er Grubman nahegelegt habe, sich die Bewertung von AT&T doch noch einmal näher anzusehen, aber Einfluss habe er nie genommen. Doch der öffentliche Druck wurde zu stark. Grubman kündigte im Sommer 2000. Dafür kassierte er eine Abfindung in Höhe von 30 Millionen Dollar.

Alles verpufft

Am 10. März 2000 erreichte die Party ihren Höhepunkt. An diesem Tag stieg der NASDAQ-Index auf das Allzeithoch von

5048,62 Punkten. Es war ein spektakulärer Ritt gewesen: Gerade mal achtzehn Monate vorher hatte der Index noch bei rund 1550 Zählern notiert. Dann war es plötzlich vorbei. Im Frühjahr 2000 schien immer mehr Analysten und Investoren klar zu werden, dass die meisten der von ihnen gefeierten Internetunternehmen ihre Gewinnerwartungen auf absehbare Zeit nicht erfüllen, sondern im Gegenteil erneute Finanzspritzen benötigen würden, um überhaupt weiter im Geschäft bleiben zu können.

Das Wirtschaftsblatt *Barron's* veröffentlichte am 20. März eine ernüchternde Analyse von 207 IT-Unternehmen: Ein Viertel von ihnen würde in den nächsten Monaten die Cash-Reserven verbrannt haben. Gerade diese Cash-Burn-Rate war nur ein paar Wochen zuvor noch als Zeichen gewertet worden, dass sich das Unternehmen auf dem richtigen Wachstumspfad befand. Aber jetzt wehte ein anderer Wind. Bei sagenhaften 74 Prozent der von den *Barron's* Reportern sezierten Tech-Wunder war der Cashflow negativ, das heißt, diese Firmen verbrannten Geld, innerhalb kurzer Zeit würden ihre liquiden Mittel aufgebraucht sein. *Barron's* sagte in dem Bericht eine Sterberate von 50 Prozent voraus – nur knapp die Hälfte der Unternehmen würde das kommende Jahr überstehen. In den Boomzeiten galten fallende Kurse als gute Gelegenheit, günstig einzusteigen. Doch plötzlich zweifelten die Investoren, ob es stattdessen eine Warnung und der Kurseinbruch nicht eher die letzte Chance war abzuspringen, bevor es noch weiter abwärtsging. Für viele der einst so gefeierten Start-ups begann ein gnadenloser Kampf ums Überleben, während die einst so enthusiastischen Anleger immer ungeduldiger wurden. Vor allem im Online-Handel galt das Motto »Get large or get lost« – »Werde groß oder verschwinde«. Es galt, zunächst ohne Rücksicht auf Verluste einen möglichst großen Marktanteil zu erreichen, um Konkurrenten keine Chance zu lassen. Amazon ist ein Beispiel für diese Strategie. Heute ist das Internetkaufhaus nicht mehr wegzudenken, aber lange war das keine ausgemachte Sache.

Der ketzerische Bericht von *Barron's* war kein Einzelfall. Als ob jemand die Investoren wach geküsst hätte, wurden plötzlich die Geschäftsmodelle der Dotcom-Sternchen angezweifelt. Weil ihre Aktien so begehrt gewesen waren, war ihr Börsenwert oft mit gestandenen Konzernen vergleichbar, bei denen jedoch Fabriken, Maschinen und Anlagen und Tausende Mitarbeiter dahinterstanden. Bei den Tech-Stars waren es oft nicht viel mehr als ein paar Computer, die Geschäftsidee und die genialen, häufiger jedoch unreifen Köpfe hinter dieser Idee.

So fingen die Kurse an zu sinken. Es kam zu spektakulären Einbrüchen und Firmenpleiten. Mit jeder Insolvenzmeldung löste sich ein weiterer Renditetraum in Luft auf. In vielen Portfolios liegen heute noch einige ehemalige Sternchen. Das sieht bei mir nicht anders aus. Zu den »Leichen«, die bei mir aus dieser Zeit noch im Portfolio liegen, gehört etwa Infospace. Das Unternehmen wurde ursprünglich als eine Art Gelbe Seiten des Telefonbuchs für das Internet gegründet. Zur Hochphase des Dotcom-Booms war Infospace auf dem Papier mehr wert als der Flugzeugkonzern Boeing. Ich weiß nicht mehr genau, wann ich eingestiegen bin. Im März 2000 kostete die Aktie 1305 Dollar. Gut zwei Jahre später rutschte der Kurs unter 3 Dollar. Seitdem habe ich nicht mehr nachgesehen, was aus dieser Aktie in meinem Portfolio geworden ist.

Ich kenne einige Leute, die irgendwelche »Penny-Stocks« in ihrem Aktienkorb haben. Papiere, die einst Kursgewinne von mehreren Hundert Prozent verbuchten und dann ebenso gewaltig einbrachen. Diese Werte zu verkaufen lohnt sich nicht mehr. Deshalb liegen sie in irgendwelchen Depots herum. Für viele Anleger, vor allem in Deutschland, wo der Neue Markt noch brutaler wegbrach, war es der erste und letzte Versuch an der Börse.

Mehr als Katerstimmung

Im Oktober 2002 notierte der NASDAQ-Index bei 1140 Punkten. Damit hatte die Tech-Börse ziemlich genau achtzehn Monate nach dem Höhepunkt von März 2000 alle Gewinne wieder abgegeben. Doch es blieb mehr als Katerstimmung (und eine Rezession). Der Überschwang hatte viel Geld und Engagement in neue Technologien fließen lassen. Es war ein enormer Schub für die digitale Revolution, deren Entfaltung wir immer noch erleben. Die Infrastruktur wurde grundlegend verbessert. Es wurden beispielsweise Glasfaserkabel verlegt, ohne die das Internet nie zum World Wide Web geworden wäre. Computer und Handys wurden zu Alltagsgeräten, zur Selbstverständlichkeit.

Der Boom öffnete ganz neue Bereiche für die Informationstechnologie. Computer waren nicht mehr nur für professionelle Programmierer oder bleiche Jungs in Schlabber-T-Shirts da. Die Maschinen begannen den Alltag zu erorbern. Heute ist es selbstverständlich, im Netz einzukaufen, Reisen zu buchen, Filme zu sehen oder den Partner fürs Leben zu finden. Die Trends waren sicher schon vorhanden, aber ohne die massiven Mittel und das Interesse, die durch die Spekulationsblase in den Bereich gelenkt wurden, wäre die Entwicklung wahrscheinlich nicht so schnell und so tiefgreifend gewesen.

Was die Dotcom-Blase ebenfalls bewirkte: Die Finanzindustrie kam mit der Informationstechnologie in Berührung. Keine Branche eignete sich so sehr für die neuen Möglichkeiten, denn genau genommen arbeitet die Finanzbranche mit nichts anderem als Informationen. Kurse, Kreditbeträge, Zinsen, Laufzeiten, Abschläge, Währungen, Renditen – die meisten Vorgänge basieren auf numerischen Daten, Summen, Prozentzahlen, Berechnungen. Viele Vorgänge wiederholen sich. Geradezu ideal für Softwareprogramme. Und die Technologie versprach etwas, was in der Finanzbranche oft noch wichtiger ist als Effizienz: Geschwindigkeit. Es war eine ideale Partnerschaft. Eine Partnerschaft, die in nur wenigen Jahren so radikale Veränderungen mit sich brachte wie selten zuvor in der Finanzgeschichte.

Einige Pioniere erkannten früh, wie sich die Technologie im Börsenhandel einsetzen ließ. Mit entsprechender Software und Rechenkapazität konnte man elektronische Handelsplattformen bauen, die weitgehend die Funktionen menschlicher Broker übernehmen konnten. Nur schneller und weit billiger. Dank der neuen Kommunikationsnetze brauchte man auch nicht mehr an einem physischen Ort zusammenzukommen. Online-Handel wurde so problemlos, dass er bald für Kleinanleger im Internet angeboten wurde. Wer einen Internetzugang hatte, konnte nun mit Amazon-Aktien oder schwedischen Kronen zocken, während er in Socken auf der Couch saß. War es noch fünfzehn Jahre zuvor kaum vorstellbar gewesen, eine Alternative zu dem Betrieb in dem neoklassizistischen Bau an der Südspitze Manhattans zu bieten, war es dank der Digitalisierung nur noch eine Frage der Zeit. Ein Händler aus Chicago erzählte mir vor ein paar Jahren im Scherz, wenn er nicht schon verheiratet wäre, würde er mit der Hochzeitsfeier warten, bis der große Börsensaal der New York Stock Exchange für Veranstaltungen vermietet würde. (Die Chicagoer stänkern gerne gegen die New Yorker, die sie als arrogant empfinden. Aber inzwischen finden auf dem »Parkett« nach Handelsschluss tatsächlich immer häufiger Firmenveranstaltungen statt – eine Hochzeit hat es aber dort bisher noch nicht gegeben.)

Doch noch etwas hatte sich verändert im Rausch der Dotcom-Zeit. Die Rolle der Banker. Waren es zuvor im Wesentlichen die Unternehmen gewesen, die sich mit ihren Finanzierungsbedürfnissen an die Wall Street gewandt hatten, machten sich jetzt zunehmend die Banker auf die Suche nach Objekten, die sich an die Börse bringen ließen. Denn an den Börsengängen ließ sich kräftig verdienen. Wie die Tabellen der Fußball-Bundesliga wurden die »League Tables« wild diskutiert. In diesen Tabellen wird bis heute aufgeführt, welche Bank die meisten Unternehmen an die Börse bringt, wer das meiste Geld einspielt, wer die stärksten Kurssteigerungen vorweisen kann. Da waren sie alle aufgeführt zur Jahrtausendwende: Goldman Sachs, Credit Suisse, Morgan Stanley, Bear Stearns, UBS, Deutsche Bank, Lehman Brothers. Die Investmentbanker waren die Stars an der Wall Street.

Es war vor allem ein Mann, der Silicon Valley für die Wall Street als Goldgrube entdeckte: Frank Quattrone. Charmant, gerne im Blazer mit Goldknöpfen, immer ein freundliches Lächeln unter dem dunklen, buschigen Schnauzbart wirkte der Sohn italienischer Einwanderer aus einem Arbeiterviertel Philadelphias immer ein wenig zu pompös für einen Investmentbanker. Doch bei den Jungs im Silicon Valley, die bis heute keinen guten Draht zu den Ostküsten-Finanziers haben, kam Quattrone gut an. Vor Quattrone hielten es die Wall-Street-Häuser nicht einmal für nötig, eine Niederlassung in San Jose zu betreiben. Er lud die Techies zu Skitrips in die Rockies und zu Golfrunden in Pebble Beach ein. Er interessierte sich für das, was die Jungs in Sandalen bastelten. Mit einem eingeschworenen Team angelte er die vielversprechenden Start-ups, pries sie als einzigartige Gelegenheit bei den Großanlegern der Bank an und half, sie schließlich an die Börse zu bringen. Die Bank steckte bis zu 7 Prozent der Erlöse eines Börsengangs ein. In seiner Hochphase arbeitete

Quattrone für die Credit Suisse First Boston (CSFB), den amerikanischen Investmentarm der Credit Suisse. Seine Einheit, die vom Silicon Valley aus operierte, betreute allein zwischen 1998 und 2000 rekordverdächtige 138 Börsengänge – so viel wie die beiden nächsten Konkurrenten Goldman Sachs und Morgan Stanley zusammen. Er sammelte 65 Milliarden Dollar von Investoren für Tech-Unternehmen ein. Zeitweilig erwirtschaftete Quattrones Team rund 15 Prozent des Gesamtertrags der CSFB. Das ließ viele Kollegen über die Goldknöpfe und den buschigen Schnurrbart hinwegsehen. Quattrone galt bald als der Mann mit dem goldenen Händchen. Im Schnitt schafften die Aktien von Quattrones Börsenkandidaten am ersten Handelstag einen Kursanstieg von über 90 Prozent. Er hatte die Finger im Spiel beim Debüt von Internet-Schwergewichten wie Amazon und Cisco.

Vor einem Börsengang gehört es zur Aufgabe von Investmentbankern wie Quattrone, für die nötige Nachfrage zu sorgen – sie fragen bei Kunden der Bank und anderen Interessenten an, ob sie diese Aktien vorher ordern wollen. Bei den Kunden handelt es sich um Verwalter von Pensionsfonds, Investmentmanager, wohlhabende Privatanleger. Bei Quattrones Debüts, die immer als heiße Tipps gehandelt wurden, wollte jeder mit an Bord sein. Bald gab es Gerüchte um die »Friends of Frank«, einen Kreis von Insidern, die bei Quattrones Deals angeblich bevorzugt bedient wurden – und sich später entsprechend revanchierten. Ein Beispiel: Ein Manager der Internetfirma Egreetings Network erhielt als »Freund von Frank« ein Paket von 1000 Aktien des Computerherstellers VA Linux. Tags darauf verkaufte er die Aktien für 83 000 Dollar. Und eine Woche später durfte Quattrones Team Egreetings an die Börse bringen und dafür 1,6 Millionen Dollar kassieren. So stellte es jedenfalls die Standesaufsicht der Broker, die NASD, später dar. Quattrone hat jegliche Interessenkonflikte und unangemessene Insiderdeals stets bestritten. Quattrone und sein Team sollen bewusst den Ausgabekurs der Aktien bei Börsengängen niedrig gehalten haben. Das hatte für Quattrone den Vorteil, dass die Aktienkurse nach dem Börsengang sofort in die Höhe schnellten und die »Friends of Frank«-Konten wurden zu entsprechend höheren Kursen an weniger glückliche Investoren weiterverkauft. Wegen dieser »Friends of Frank«-Konten wurde Quattrone 2004 in einem Gerichtsverfahren verurteilt. In einem zweiten Verfahren im Jahr 2006 wurde er freigesprochen – teils wegen Verfahrensfehlern. Auf dem Höhepunkt seiner Zeit bei CSFB, im Jahr 2000, soll Quattrone 120 Millionen Dollar erhalten haben.

Quattrones Beispiel hatte den Bankern gezeigt, wie sich mit Aktien und Wertpapieren weit mehr Geld verdienen ließ als nur durch Handelsprovisionen – eine Lektion, die Folgen haben sollte.

Doch dann kam der 11. September 2001.

Der 11. September 2001

»Jeder Schritt ist ein neuer Schock.« So fing der Augenzeugenbericht an, den wir im September 2001 am zweiten Tag nach den Terroranschlägen auf das World Trade Center dem Berliner *Tagesspiegel* lieferten. Bis heute kann ich mich nicht richtig daran gewöhnen, dass die beiden Türme nicht mehr stehen. Als ich 1998 nach New York kam und wenig Geld hatte, bin ich zunächst gar nicht weit entfernt davon bei einem Bekannten im Battery Park auf dem Sofa untergekommen. Wir haben abends häufig auf dem Dach seines Apartmenthauses gesessen, ein Bier getrunken und den Blick auf die Türme bewundert. Drei Jahre später waren sie weg.

Der 11. September 2001 hat mich selbst, aber auch mein Verhältnis zur Wall Street verändert. Innerhalb weniger Stunden wurde ich vom Beobachter zum Insider. Ich war nicht mehr nur Journalist, unser Büro lag keine zweihundert Meter Luftlinie entfernt. Wir wurden selbst zu Betroffenen. Wir wurden Teil der Wall Street.

Der 11. September war einer jener besonderen Tage im New Yorker Herbst, an denen der Himmel sich in einem kühl leuchtenden Blau über die Stadt wölbt. Doch für Wetterbeobachtungen haben wir an diesem Morgen wie immer keine Zeit. In unserem Büro direkt neben der Trinity Church läuft der Redaktionsbetrieb auf Hochtouren. Die TV-Geräte bringen lautstark die Börsennews, wir bereiten die ersten Fernseh- und Radiosendungen vor. In einer knappen Stunde geht der Handel los. Die Telefone klingeln. Die Redaktionen aus Deutschland und der Schweiz wollen wissen, was für Themen wir für die Printausgaben liefern können. Wir sind ein etwa zehnköpfiges Team. Ich bin zu diesem Zeitpunkt Minderheitspartner bei Wall Street Correspondents. Der Eigentümer und Gründer, Markus Koch, ist gerade auf Geschäftsreise in Europa. Mit Heike Buchter, die damals Geschäftsführerin war, kümmere ich mich um das Tagesgeschäft. Plötzlich hören wir einen dumpfen Knall, und kurz darauf sehen wir, wie Papier an unserem Fenster im 17. Stock vorbeiregnet. Viel Papier. Eine Werbeaktion, ist unser erster Gedanke. Doch dann erkennen wir, dass das Papier brennt. Und dass sich darunter Schecks befinden.

Die TV-Sender bringen die ersten noch wirren Nachrichten. Mit dem Aufzug fahre ich nach unten. Unsere Bürofenster gehen nach Süden, von dort können wir nichts erkennen. Unten sehe ich dunklen Rauch hinter unserem Gebäude. Das Mobilfunknetz ist bereits überlastet. Ich will zurück ins Büro, die Kollegen warten, doch der Aufzug ist abgeschaltet. Ich laufe in Richtung World Trade Center. Immer noch kein Empfang. Ich will zur Börse laufen, denn da gibt es Festnetz. In dem Moment erschüttert ein neuer Knall das Viertel. Ich drehe mich um. Jetzt brennt der zweite Turm, ich kann aber nichts genau erkennen. Was um Himmels willen passiert hier? Ich renne zur Börse, ich muss die Kollegen warnen. Etwa ein, zwei Minuten brauche ich bis dahin, gefühlt sind es mindestens fünfzehn. Im Presseraum im 12. Stock greife ich zu einem der Telefone und rufe im Büro an. »Seht zu, dass ihr hier rauskommt. Haut ab!« Dann hinterlasse ich bei meinen Eltern eine Nachricht, dass ich noch lebe. Ich laufe hinunter aufs »Parkett«. Auch an der Börse sind die Aufzüge abgeschaltet. Auf dem »Parkett« stehen die Händler unruhig und nervös herum. Und dann fange ich mit den ersten Berichten an.

Als der erste Turm des World Trade Center einstürzt, bebt der Boden im gesamten Finanzdistrikt, von draußen ist ein dumpfes Dröhnen zu hören. Die Börse wird komplett abgeriegelt. Niemand kommt mehr herein oder hinaus. Alle Mitarbeiter der NYSE aus den oberen Etagen werden ins »Parkett« evakuiert. Im Treppenhaus stauen sich die Menschen, von draußen dringen Staub und Rauch herein. Es werden Taschentücher verteilt, die man sich vor den Mund hält, um das Atmen zu erleichtern. Jemand fängt an zu schluchzen. »Keine Angst, das ist das sicherste Gebäude der Welt«, beruhigt ein anderer. Auf dem »Parkett« laufen die TV-Geräte und informieren uns darüber, was wenige Meter entfernt draußen im Finanzdistrikt passiert. Im Pentagon sei ein Flugzeug eingeschlagen, heißt es. Angeblich komme eine weitere Maschine auf New York zu. Vor dem State Department sei eine Bombe hochgegangen. In Pennsylvania sei ein Flugzeug abgestürzt. Manche Meldungen stimmen, andere nicht. Die Händler und einige wenige Fernsehreporter, die wie ich eigentlich über den Handelsbeginn berichten sollten, versuchen, aus den Geräuschen schlau zu werden, die in das Gebäude dringen. Ist das ein Motor? Klingt so ein Flugzeug? Werden wir oder vielleicht das Empire State Building als Nächste getroffen? Ich nutze das noch funktionierende Festnetztelefon, um für die Redaktionen der Radio- und TV-Kunden zu berichten. Die Börse darf ich nicht verlassen. Meine Kollegen erreiche ich nicht mehr, weder im Büro noch auf ihren Mobiltelefonen. Meine Reporterberichte geben mir das Gefühl, wenigstens etwas tun zu können.

Ich weiß nicht mehr, wann genau wir die Börse verlassen durften. Irgendwann am Nachmittag wurden nasse Tücher verteilt. Diese konnten wir uns vor Mund und Nase binden und das Gebäude verlassen. Von einem Broker leihe ich mir 20 Dollar. Ich habe mein Geld im Büro gelassen. Ich wollte ja nur kurz nachsehen, was draußen passiert war. (Wir haben unsere Büroräume übrigens nie wieder bezogen.) Ich bringe eine spanische Korrespondentenkollegin zum Bootsanleger, von wo sie eine Fähre nach Brooklyn nehmen kann. Es gelingt mir, meine Mailbox abzuhören. Erleichtert erfahre ich, dass die Kollegen das Büro rechtzeitig verlassen haben und nun nach East Harlem gehen wollen – möglichst weit weg vom Finanzdistrikt. Dort wohnt einer der Kollegen. Ich mache mich zu Fuß auf den Weg dahin. U-Bahnen, Busse, Taxis gibt es nicht. Der Staub steht knöchelhoch. Fein wie Karibiksand. Nur vereinzelt sehe ich Menschen auf den Straßen. Es tut gut zu laufen. Ich komme an der Brooklyn Bridge vorbei, dort drängen sich Tausende Menschen. Alle wollen raus aus der Terrorzone.

Eine Woche vorher war ich von Manhattan nach Brooklyn gezogen. Von meiner Wohnung konnte ich in der Ferne die obersten zehn Stockwerke vom World Trade Center sehen. Wir haben noch Witze darüber gemacht, was für ein Privileg das sei. Doch nach Hause will ich jetzt nicht. Ich laufe nach Harlem zu den anderen. 140 Häuserblocks. Ich drehe mich immer wieder um. Die Türme sind weg. Die Türme sind weg! Natürlich habe ich das auf den Bildschirmen in der Börse gesehen. Ich bin an den rauchenden Ruinen selbst vorbeigelaufen. Aber fassen kann ich es nicht. Was ist mit meinen Kollegen? Was mit meinen Freunden, mit den Menschen, denen ich hier unten täglich begegnet bin?

Es ist ein langer Weg zu Fuß ans andere Ende Manhattans. Ich kann mich nicht erinnern, in diesen Stunden mit irgendjemandem gesprochen zu haben. Ich habe New York nie so still erlebt. Am Abend erreiche ich die Kollegen in Spanish Harlem, wir setzen uns auf die Feuerleiter. Sie haben Bier gekauft – hier oben funktioniert ja alles noch. Wir überlegen, wie es weitergehen soll. Wir stellen den Mitarbeitern und Praktikanten frei, das Land zu verlassen. Etwa die Hälfte wird in den kommenden Wochen gehen. Dann hören wir ein dunkles Grollen. Auf der Avenue unter uns rollen schwere gepanzerte Fahrzeuge und Mannschaftswagen heran. Die Soldaten haben Maschinengewehre in der Hand. Bis auf das Brummen der Motoren und der schweren Reifen ist es ruhig. Die Armee rückt in die Stadt ein. Die Truppen sollen Ground Zero absichern. So wird das Gebiet um die gefallenen Türme nun genannt. Wir wissen es da noch nicht: Es wird Monate dauern, bis der Brandherd dort gelöscht ist. Das Gebäude, in dem sich unser Büro befindet, wird zum militärischen Sperrgebiet erklärt.

Die Börse bleibt nach den Anschlägen für vier Handelstage geschlossen. Dann kommt die Nachricht. Am Montag, dem 17. September 2001, soll wieder gehandelt werden. Noch ist nicht klar, ob die Anschläge vorbei sind. Um die Börse sieht es aus wie nach einer Schlacht. Noch brennt es an verschiedenen Stellen. Feuerwehrleute und freiwillige Helfer suchen nach Leichen – oder Leichenteilen. (Die Suche nach den Opfern geht noch lange weiter, im Frühjahr 2013 wurde ein weiterer Toter identifiziert.) Für die Händler ist es Ehrensache, die Börse wieder zu eröffnen. Sie sehen sich als Vertreter des amerikanischen Systems. Jenes Systems, dem die Attacke galt. Das mag heute manchem übertrieben oder sentimental erscheinen. Aber uns allen saß die Angst im Nacken, als wir an jenem Montag im September wieder auf dem »Parkett« der Börse standen. Doch waren alle zur Arbeit erschienen: die Börsianer, um die Finanzwirtschaft wieder in Schwung zu bringen, die Journalisten, um darüber zu berichten.

Was mir aus jenen Tagen vor allem in Erinnerung geblieben ist, sind nicht die Geräusche. Es sind auch nicht unbedingt die Bilder. Es ist der Geruch. In den Wochen und Monaten nach dem 11. September schlug uns beim Öffnen der U-Bahntüren jeden Morgen dieser Geruch entgegen. Auch in den Gebäuden und Büros wurde er durch die Klimaanlagen eingesogen. Es war der Geruch von schwelendem Feuer und etwas Schwerem, Süßlichem.

So gut wie jeder erinnert sich daran, wo er am 11. September 2001 war und was er an jenem Tag gemacht hat. Unser Augenzeugenbericht für die Zeitung endete damals so: »Strahlender Tag, gespenstische Nacht, grelle Scheinwerfer, wo die Männer nach Toten graben. Ein Mann zeigt uns zwei Tüten, die er mit Staub gefüllt hat. ›Das ist mehr als Staub‹, sagt er. ›Es ist etwas von uns allen aus diesen Tagen darin.‹«

So sehr New York und die Wall Street für ihren zähen Willen, wieder zur Normalität zurückzukehren, gelobt wurden, der Fall der Türme hatte nicht nur buchstäblich die Fundamente der Wall Street 11 erschüttert. Die Terroranschläge zeigten mit brutaler Deutlichkeit einen der Schwachpunkte der Börse: Das Finanzsystem war hier physisch angreifbar. Schon vorher hatten viele Banken und Brokerhäuser ihre Büros aus dem Finanzdistrikt abgezogen. Jetzt wurde es – auch durch die längere Evakuierung ganzer Straßenzüge – zum Exodus. Es beschleunigte auch die Entwicklung, auf elektronische Systeme und Rechenzentren in New Jersey und Connecticut zu setzen. Nur wenige Monate vor den Anschlägen hatte die Börse noch den Plan entworfen, in ein neues, größeres Gebäude an der Wall Street umzuziehen. Das »Parkett« sei zu klein, hieß es damals, und müsse erweitert werden. Doch nach dem 11. September wurde es nach und nach immer leerer auf dem »Parkett«.

Der Aufstieg der Trader

Das Magazin *Rolling Stone* ist eigentlich besser bekannt für seine Geschichten über den Rapper Jay-Z oder den Schauspieler Johnny Depp. Doch die Ausgabe vom Juli 2009 wurde an der Wall Street zum Renner. Der Kioskmann um die Ecke der Börse war verwundert, bisher hatte er die wenigen Exemplare eher an Touristen verkauft. Aber jetzt waren sie bereits am Erscheinungstag vergriffen. In der Zeitschrift stand ein Bericht, der so begann: »Die mächtigste Investmentbank der Welt ist ein großer Vampir-Krake, der sich um das Gesicht der Menschheit gewickelt hat und unablässig seinen Blutsauger in alles steckt, das nach Geld riecht.«

Das war selbst für die abgebrühten Jungs starker Tobak. Die Rede war von Goldman Sachs. In seiner Reportage rechnete der Reporter Matt Taibbi mit der Bank ab, wie selten zuvor ein Journalist es mit irgendeinem Unternehmen getan hatte. Sein Vorwurf im Kern: Goldman habe Amerika korrumpiert und ruiniert, um sich selbst mächtig und vor allem die »Goldmänner« reich zu machen. Dass der Report, der sich stellenweise eher wie das Pamphlet eines wütenden Teenagers liest, für Aufsehen selbst bei Kritik gewohnten Insidern sorgte, lag vor allem an einem: Goldman war zu dem damaligen Zeitpunkt die mächtigste Investmentbank der Welt. Kein anderes Finanzinstitut war so gut vernetzt, so stark beneidet und auch so umstritten wie Goldman Sachs. Taibbi hatte einen Nerv der Zeit getroffen.

Gegründet wurde Goldman Sachs 1869 von dem deutschen Einwanderer Marcus Goldman und seinem Schwiegersohn Samuel Sachs. Sie gehörten zu den Pionieren im Commercial-Paper Geschäft. Das heißt, sie vergaben kurzfristige Schuldverschreibungen an kleine Geschäftsleute in Downtown Manhattan. Damals spielte Goldman in der Regionalliga. Das änderte bald vor allem ein Mann: Sidney Weinberg. Angefangen hatte Weinberg ganz unten in der Hierarchie als Helfer des Hausmeisters bei Goldman Sachs. Sein Wochenlohn betrug 3 Dollar. Zu seinen Aufgaben gehörte es, die Hüte der Gesellschafter zu entstauben. Doch Weinberg schaffte es nicht nur, einen Job in den Büros zu bekommen – er arbeitete sich ganz nach oben. 1925 kaufte ihm die »Firm« einen Sitz an der New York Stock Exchange. Damit konnte Weinberg für Goldmans Partner an der größten Aktienbörse der Welt mitspielen. Das tat er so erfolgreich, dass er 1930 die Firmenspitze von Goldman übernahm und dort bis zu seinem Tod im Jahr 1969 blieb. Die *New York Times* verlieh ihm den Titel »Mr Wall Street«.

Als Weinberg anfing, zählte Goldman nicht zu den ersten Adressen der Street wie etwa Morgan Stanley (der Investmentbanking-Ableger von JP Morgans Bank). Morgan Stanley war bekannt als die erste unter den »Firms«, wie die Investmentbanken genannt werden. Es waren die White-Shoe-Banker – Abkömmlinge des konservativen Geldadels von Boston und New York. Als White-Shoe wurden sie bezeichnet, weil sie sich meist seit ihrer Studienzeit an den Eliteuniversitäten der Ostküste – Yale, Harvard und Princeton – kannten, wo die hellen Halbschuhe zum Outfit gehörten. Dort knüpften sie auch schon die notwendigen Verbindungen für ihre Bankerkarriere, denn schließlich rekrutierten auch die amerikanischen Unternehmen ihre späteren Führungskräfte aus ihren studentischen Reihen, während andere in die Politik gingen. Investmentbanking, wie es die White-Shoe-Banker betrieben, war ein Gesellschaftssport in den oberen Etagen der Unternehmen und der Banken kannte und vertraute man sich: Im Sommer in den Hamptons oder in Maine, im Winter in den exklusiven Clubs von New York. Es ging darum, die Geschäfte der großen Unternehmen zu finanzieren. Die Banker arrangierten Börsengänge, halfen bei der Ausgabe von Aktien und Anleihen, berieten bei Fusionen und Übernahmen. Dafür erhielten sie ein stattliches Honorar oder prozentuale Beteiligungen.

Das ist bis heute das klassische Investmentbanking. Der Wettbewerb um diese Aufträge ist hart – und persönlich. Gemessen wird der Erfolg in den »League Tables«. Sie sind die Bundesligatabelle der Banken. Woche für Woche wird von Finanzdatendienstleistern festgehalten, welche Bank die meisten Transaktionen und, noch wichtiger, die größten Deals an Land gezogen hat. Gefeiert wurde in den Glanzzeiten mit 300-Dollar-Weinen, Wachteln und Bisonfilet mit schwarzen Trüffeln im Four Seasons, wo sich die Stars treffen.

Doch Goldman Sachs gehörte damals noch nicht dazu. Und dann schien Weinberg auch noch aufs falsche Pferd zu setzen. Er freundete sich 1932 mit dem Präsidentschaftskandidaten Franklin D. Roosevelt an. Der Demokrat war bei den White-Shoe-Bankern verpönt – nach amerikanischen Maßstäben ein Ultralinker! Aber Weinberg hatte den richtigen Riecher. Roosevelt wurde gewählt und ging mit seinem New Deal in die Geschichte ein. Und Weinberg und seinen »Goldmännern« standen plötzlich neue Türen offen. Als die USA 1941 in den Krieg gegen Deutschland eintraten, spielte Weinberg ebenfalls eine entscheidende Rolle. Er half, den privaten Sektor in die Finanzierung des Krieges einzuschalten. In dieser Zeit knüpfte er wichtige Kontakte zu den großen US-Konzernen. Nach Ende des Krieges wurde er von zahlreichen Großkonzernen als Investmentbanker angeheuert und außerdem in die Aufsichtsräte von Unternehmen wie General

Electric, Sears Roebuck (bis 1989 der größte Einzelhandelskonzern der USA) oder General Foods berufen.

Der endgültige Durchbruch in die erste Liga gelang Weinberg 1956. Da erhielt Goldman Sachs den Zuschlag, die Ford Motor Company an die Börse zu bringen. Ford war bis dahin in Familienbesitz, den Nachfahren des legendären Modell-T-Erfinders Henry Ford, und das damals größte private Unternehmen der USA. Der Börsengang setzte einen Wall-Street-Rekord. Goldman Sachs hatte es an die Spitze des Investmentbanking geschafft.

Die Seilschaften, die Goldman Sachs knüpfte, sind bis heute legendär und begründen den Erfolg der Bank. Vor allem die engen Beziehungen zu den politischen Entscheidungsträgern in Washington lassen die Goldman-Kritiker immer wieder aufschreien. Weinbergs guter Draht zu Franklin D. Roosevelt ist nur eines von unzähligen Beispielen. Robert Rubin arbeitete bei Goldman Sachs, bevor er Finanzminister in der Administration von Bill Clinton wurde; es war Robert Rubin, der im Jahr 1999 gemeinsam mit seinem damaligen Vize Larry Summers den Glass-Steagall-Act widerrief. Dieses Gesetz, das nach der Großen Depression 1933 eingeführt worden war, schrieb die Einführung eines Trennbankensystems vor, also eine institutionelle Trennung zwischen dem Einlagen- und Kreditgeschäft und dem Wertpapiergeschäft. Das sollte verhindern, dass riskante Spekulationen von Bankern die gesamte Wirtschaft mit abstürzen ließen. Doch nun schaffte Rubin dieses Gesetz ab. Das ermöglichte den Banken, ihr Geschäft kräftig auszuweiten, gewaltige Geldquellen zu erschließen und schließlich auch so groß zu werden, dass sie die globalen Volkswirtschaften im Herbst 2008 an den Rand des Ruins trieben. Für die Banken bedeutete das Ende des Glass-Steagall-Acts Ende der 90er-Jahre eine unerhörte Goldgrube. Nie zuvor wurde an der Wall Street binnen so kurzer Zeit so viel Geld verdient wie in der ersten Hälfte des ersten Jahrzehnts der 2000er-Jahre.

Auch der Finanzminister, der während der Finanzkrise 2008 am Schalthebel der Macht saß, kam von Goldman Sachs. Henry Paulson war der Chef von Goldman Sachs, bevor Präsident George W. Bush ihn in sein Kabinett berief. Unter Paulson wurden die Banken in jenem heißen Herbst 2008 mit einem Paket von rund 700 Milliarden Dollar gestützt. Paulsons Vorgänger bei Goldman Sachs wiederum war John Corzine. Er war Anfang der 2000er-Jahre Gouverneur des Bundesstaates New Jersey.

Die Beziehungen zu Washington brachten Goldman den Spitznamen »Government Sachs« ein – das Kabinett der »Goldmänner«. Auch in der Eurozone besetzten und besetzen ehemalige Goldman-Sachs-Leute Toppositionen. Da ist der ehemalige EU-Wettbewerbskommissar und Exministerpräsident von Italien Mario Monti, den Goldman als Berater einkaufte. Praktisch, einen ehemaligen Wettbewerbskommissar als Berater zu haben, wenn man im Fusions- und Übernahmegeschäft sein Geld verdient. Exbundesbanker Ottmar Issing, einer der Architekten des Euro, zählt zu den Goldman-Jüngern. Mario Draghi schwang sich sogar mehrfach durch die Drehtür zwischen Goldman und öffentlichen Ämtern. Nach Jobs bei der Weltbank und im italienischen Finanzministerium war er von 2002 bis 2006 Direktor bei Goldman Sachs in London. Im Juni 2011 wurde er vom Rat der Europäischen Union als Nachfolger des bisherigen Präsidenten der Europäischen Zentralbank, Jean-Claude Trichet, bestimmt, und im November 2011 trat er das Amt an.

Die Liste der »Goldmänner« auf einflussreichen Posten ließe sich beliebig fortsetzen.

Die Machtübernahme

Die White-Shoe-Banker verloren viel von ihrem Glanz durch das Platzen der Internetblase. Sie waren hoch auf der IPO-Welle, dem Initial-Public-Offering, das heißt dem erstmaligen öffentlichen Anbieten von Aktien an der Börse, geritten. Dann erlitten die selbst ernannten »Masters of the Universe« Schiffbruch. Schlimmer noch: Für eine Weile blieben die Deals aus. Das war die Chance für eine andere Kaste in der Wall-Street-Hierarchie, endlich aus ihrer Paria-Rolle auszubrechen: die Trader. Anders als die Parketthändler an der Börse sind sie meist förmlich eingesperrt an ihrem Arbeitsplatz: Zwischen Monitoren mit Kursen, Daten, Ticker-Nachrichten sitzen sie in langen Reihen dicht nebeneinander in den turnhallengroßen Sälen der Bank – dem »Trading Floor«.

Trader sind ein ganz anderer Menschenschlag als die »Beziehungsbanker« mit ihren Country Clubs und Golfturnieren. Die Trader fingen häufig blutjung an der Wall Street an. Ein Schulabschluss, eine Brokerprüfung, und los ging es. Maßanzüge, Lackschuhe und elegante Accessoires gehörten in der Regel nicht zum Outfit. Es ging bei dem Job vor allem um den Faktor Zeit. Schnell ein Stück Pizza, ein Schluck Cola, weiter ging's. Da blieb keine Zeit für einen Lunch zur Kontaktpflege in edlen Restaurants. Und abends ging es dann auf einen Cheeseburger und ein Budweiser Bier zu PJ Clark's oder Scores, dem Gentlemen's Club, wo es um die Ladys ging. (Das originäre Scores wurde ein Opfer der Finanzkrise, was vermutlich an der Wall Street fast genauso viel Bedauern ausgelöst hat, wie der Untergang von Lehman Brothers.) »Wenn ich am Strand so einen Typen mit Goldkettchen und einem Morgan-Stanley-T-Shirt sah, habe ich mich geschämt«, gestand einmal ein Investmentbanker im Gespräch.

Die Trader waren zuständig für den Handel mit Aktien, Anleihen, Rohstoffen, Devisen, Terminkontrakten. Sie übten zunächst eine nachgeordnete Funktion aus: Sie halfen den Bankern bei ihren Deals, indem sie die Wertpapiere für den Kunden handelten und Kurs- und Zinsrisiken absicherten. Dafür bekamen sie Provision. Und sie verdienten für die Bank dazu, indem sie mit dem Eigenkapital der Bank spekulierten – erst ein wenig, auch um für Kunden einen besseren Markt zu schaffen. Bald immer mehr und immer erfolgreicher.

Und dann bekamen sie noch mehr Chips für ihre Einsätze: Die Investmentbanken erhielten von der Börsenaufsicht SEC die Erlaubnis, zusätzlich Fremdkapital für ihre Spekulationen einzusetzen. Das war der Turbo! Auf dem Höhepunkt des Bankenbooms setzten die Trader mancher Banken für 1 Dollar Eigenkapital 40 Dollar auf Kredit ein. Die niedrigen Zinsen, mit denen die US-Notenbank die Rezession nach der geplatzten Internetblase bekämpfen wollte, luden zum Zocken auf Pump ja auch geradezu ein. Das Schöne an Fremdkapital: Damit lassen sich Gewinne auf geradezu magische Weise potenzieren. Wie das funktioniert, zeigt ein einfaches Beispiel: Ein Anleger kauft für 40 Dollar Aktien und verkauft sie für 50 Dollar. Damit erwirtschaftet er 25 Prozent Rendite auf sein eingesetztes Kapital. Hätte der Anleger zusätzlich weitere 40 Dollar geliehen und die doppelte Zahl Aktien gekauft, betrüge sein Gewinn 20 Dollar oder 50 Prozent Rendite – abzüglich der Zinsen für die geliehenen 40 Dollar. Das Fatale daran: Wer danebenliegt, verliert neben dem eigenen auch das geliehene Geld – und das muss er zurückzahlen.

Früher hätten die Trader solche Risiken niemals eingehen dürfen. Denn die »Firms« gehörten privaten Partnern, und die mussten die Verluste tragen. Doch nach und nach gingen die

Wall-Street-Häuser selbst an die Börse, zuletzt wurde 1999 Goldman Sachs zur börsennotierten Aktiengesellschaft. Damit wurden die Banker zu Angestellten und die Eigentümer zu Verwaltern – die Risiken trugen von nun an die Aktionäre. OPM – damit spielt Wall Street am liebsten. Die Abkürzung steht für »other people's money« – das Geld anderer Leute.

Bei der führenden Investmentbank der Welt, Goldman Sachs, von allen Rivalen an der Wall Street bewundert, verhasst und imitiert, stieg der Ertrag aus dem Bereich Handel zwischen 2001 und 2006 schlagartig um 168 Prozent an. Kein Zufall, dass der neue Mann an der Spitze von Goldman, Lloyd Blankfein, einst als Goldhändler angefangen hatte. In den Jahren vor der Finanzkrise fuhren die Banken Gewinne ein wie nie zuvor in ihrer Geschichte. 2006 erreichten die Profite der Wall-Street-Häuser mit 145 Milliarden ihren Höhepunkt. Es war die Zeit, als die »donnernde Herde«, wie die Händler und Broker von Merrill Lynch, der Bank mit dem schnaubenden Bullen als Logo, genannt wurden, auf 16 000 anschwoll.

Ohne Hilfe hätten die Trader den Aufstieg aus den Handelsräumen in die Chefetagen nicht geschafft. Angelockt durch Rekordgewinne, kamen neue Mitspieler an die Street: Experten für hoch komplizierte, neuartige Papiere und Investitionsmethoden. Die Neuen hatten einen Eliteuni-Abschluss, aber in Ingenieurwissenschaften oder Mathematik statt in Jura. An der Wall Street konnten sie Traumgagen verlangen wie in keinem Forschungslabor. Sogar Nuklearphysiker waren darunter. Die Neuen tüftelten anhand von Computermodellen jene komplexen Finanzinstrumente aus, die den Investmenthäusern erst die Rekordprofite verschafften und später die Weltwirtschaft an den Rand des Ruins trieben.

Der Aufstieg der Händler trieb auch das Interesse an elektronischen Handelsplattformen an. Die waren schnell und billig.

Anders als eine Institution wie die New York Stock Exchange mit ihrem Heer von Parketthändlern und Spezialisten und ihren traditionellen Auktionen auf dem »Floor«. Doch die Börse mit ihrem in den Augen der Banken veralteten System zog im Aktienhandel nach wie vor 90 Prozent des Handels auf sich. Dafür sorgte eine Finanzmarktregel, dass immer zum günstigsten Kurs abgeschlossen werden musste – auch wenn die Order woanders früher bedient werden konnte. Und weil an der NYSE weiterhin die meisten Angebote und Nachfragen eingingen, gab es dort in aller Regel den besten Kurs. Also waren die Banken und Broker gezwungen, ihre Order weiter über die Börse abzuwickeln. Die NYSE fühlte sich sicher, dass ihre Vormachtstellung trotz neuer elektronischer Konkurrenz ungefährdet war. Ein fataler Irrtum.

Hochmut kommt vor dem Fall

»Today, America goes back to business.« Das sagte Richard »Dick« Grasso am 17. September 2001. Es war der erste Handelstag nach den Terroranschlägen auf das World Trade Center nur wenige Blocks von der New York Stock Exchange entfernt. Wie ein Held trat Grasso auf. Exakt zwei Jahre später, am 17. September 2003 musste der Chef der New Yorker Börse zurücktreten.

Aufstieg und Fall von Dick Grasso seien wie eine Tragödie von Shakespeare, urteilte einst Larry Fink, Chef der Vermögensverwaltung Blackrock. Dick Grassos Aufstieg war in der Tat bühnenreif. Vom Laufburschen mit knapp 4000 Dollar Jahresgehalt stieg er zum Multimillionär auf. Im Jahr 2001 belief sich sein Jahresgehalt auf 30 Millionen Dollar. Auch dies reichte ihm noch nicht. 2003, kurze Zeit nachdem die Riesenskandale um Enron und WorldCom öffentlich wurden, schanzte er sich ein Vergütungspaket inklusive Pensionen von 140 Millionen Dollar zu.[13] »Grasso's Jackpot«, titelte die *New York Post.* »Der Mann, der die Regeln für Corporate America setzen sollte, ist ein Symbol für Corporate Gier geworden«, schrieb selbst das Wirtschaftsmagazin *Fortune.*[14]

Der Verwaltungsrat der Börse, der rund einen Monat vorher noch Grassos Gehalt abgenickt hatte, stimmte nun mit einer 13-zu-7-Entscheidung für seinen Rücktritt. Einige Mitglieder des Gremiums hätten gedacht, bei den 140 Millionen Dollar Vergütung, die in den Unterlagen standen, hätte jemand ein Komma vergessen – ein Tippfehler! Zu den Aufsichtsratsmitgliedern, die Grassos Füllhorn gebilligt hatten, gehörte übrigens auch der damalige Daimler-Chef Jürgen Schrempp. (Später wurde Grasso vom New Yorker Generalstaatsanwalt Eliot Spitzer, der auch gegen Henry Blodget vorgegangen war, auf Rückzahlung eines Großteils der 140 Millionen verklagt. Grasso setzte sich jedoch durch.)

Natürlich kann man Grassos Untergang als tragische Geschichte eines Mannes aus kleinen Verhältnissen deuten, der sich an die Spitze von Macht und Geld hocharbeitete und seinen Geltungsdrang nie stillen konnte. Er selbst sah sich allerdings als Opfer einer Verschwörung. Das mag übertrieben sein. Doch zu den Aufsichtsratsmitgliedern, die auf Grassos Rauswurf gedrängt hatten, gehörte auch Henry (»Hank«) Paulson, der spätere Finanzminister, der zu der Zeit noch CEO von Goldman Sachs war. Ein Vertreter der Investmentbanken, die auf die Reform der Börse drängten – und die großes Interesse an der Expansion der elektronischen Handelsplattformen hatten. Und nicht nur Grasso betrachtete es nicht als Zufall, dass nach einem Interimsvorsitzenden ausgerechnet ein Kollege von Goldman-Boss Paulson zum Nachfolger Grassos bestimmt wurde: John Thain.

Nicht nur äußerlich war John Thain, schlaksig, groß, mit vollem dunklem Haar und einer breiten Brille, das Gegenteil von

Grasso. Thain sieht aus wie Clark Kent, alias Superman. Bei Goldman Sachs galt er als Experte für Technologie und Handelssysteme, aber nicht gerade als besonders emotional oder sozial kompetent. Darum verpasste man ihm den ironisch gemeinten Spitznamen »Thain the Humane«. Thain hatte sich Aussichten auf den Chefsessel bei Goldman Sachs erhofft. Doch als er diese Chance schwinden sah, entschied er sich für die New York Stock Exchange. Dort hoffte er, als Retter der aus seiner Sicht dringend modernisierungsbedürftigen Institution in die Geschichte der Wall Street einzugehen – als der »Superman« der Börse. Das Wochenmagazin *The New Yorker* schrieb dazu, John Thain habe es geschafft, die Börsenhändler ohne große Gegenwehr von ihrem eigenen Aussterben zu überzeugen.

In seiner knapp vierjährigen Amtszeit erlebte die New York Stock Exchange die radikalsten Veränderungen der über 200-jährigen Geschichte. Das lag nicht nur an Thain, durch Globalisierung und Technologisierung hat die gesamte Finanzwelt einen massiven Wandel erfahren. War Grasso wegen seines Zorns gefürchtet gewesen auf dem »Parkett«, wurde Thain wegen seiner Kälte verachtet. Doch Thain hatte nicht zufällig bei der ausgebufftesten Investmentbank Karriere gemacht. Ihm gelang ein Coup, mit dem er auf einen Schlag all die alten Seilschaften der Börse kappen und gleichzeitig das elektronische Zeitalter einläuten konnte. Dazu brauchte er die Hilfe eines alten Bekannten: Gerald Putnam, genannt Jerry.

Der Bogenschütze

Putnam war schon als Kind auf der Pirsch. Er wuchs in der Nähe von Philadelphia auf. Sein Vater war Offizier der US-Armee. Im

Keller lernte Putnam jun. auf einer hauseigenen Schießanlage, wie man mit einem Gewehr umgeht. Später jagte er Rehe mit Pfeil und Bogen. Doch sein berufliches Revier wurde die Wall Street. Dort galt er als Querkopf, mit dem nicht einfach auszukommen war. Anfang der 80er-Jahre arbeitete er innerhalb kürzester Zeit für fünf Handelsfirmen, zwei feuerten ihn. Er sei mit den Jobs nicht glücklich gewesen, erklärte er in einem Interview. Er habe zwar Geld verdient, aber es habe ihn nie befriedigt. Deshalb habe er so oft den Arbeitgeber gewechselt. Dass er gefeuert wurde, habe ihn ziemlich wütend gemacht. Viel lieber habe er selbst die Kontrolle. Das brachte ihn dazu, 1996 Archipelago zu gründen. Er heuerte einige schlaue Softwareentwickler an und startete seine eigene elektronische Handelsplattform – in Chicago. Sicher kein Zufall, dass er sich in der Konkurrenz-Finanzmetropole niederließ, denn was Putnam nicht ausstehen konnte, war die Arroganz der New Yorker Platzhirsche.

Davor hatte er versucht, die Technologiebörse NASDAQ von seiner Idee zu überzeugen. Doch dort hatte man ihn abblitzen lassen. William Ford, ein ehemaliger Geldgeber von Putnam aus den Anfangszeiten, sagte: »Ich weiß gar nicht mehr, wie oft er sich anhören musste, dass es eine dumme Idee sei.« Wer der Dumme war, sollte sich noch zeigen.

Was verbarg sich hinter Archipelago? Der Durchbruch gelang Archipelago 1997, als die Börsenaufsicht SEC ihre Regeln lockerte. Es war nun einfacher für externe Plattformen, Aktien, die an der NASDAQ notiert waren, zu handeln. Über die Systeme von Archipelago konnten Investoren vollelektronisch und anonym mit Aktien, Optionen und ETFs (Exchange-traded funds, börsengehandelte Fonds), eine Art Waschkorb von Aktien, handeln. 1999 gelang es Putnam, Investitionen von den Wall-Street-Powerhäusern Goldman Sachs, Merrill Lynch und JP Morgan zu gewinnen. 2000 kaufte er die Pacific Stock Exchange und erlangte damit für Archipelago Börsenstatus.

Mit besonderer Verachtung strafte er die New York Stock Exchange und ihre veralteten Strukturen. Er ließ Anzeigen schalten, in denen er die NYSE als Fossil bezeichnete. Bis ihn John Thain kontaktierte. Putnam und Thain kannten sich. Als Thain noch bei Goldman Sachs war, befürwortete er die Investition in Archipelago. Jetzt fädelte er einen besonderen Deal ein: Archipelago sollte mit der New York Stock Exchange fusionieren. Damit konnte Thain zwei Fliegen mit einer Klappe schlagen. Die New Yorker Börse, die immer noch wie ein Altherrenclub geführt wurde, würde über eine moderne vollelektronische Handelsplattform verfügen und über Nacht selbst zum börsennotierten Unternehmen werden, das den Aktionären Rechenschaft und vor allem steigende Gewinne schuldete. Deshalb konnten auch Ausgaben – wie etwa der mietfreie Friseur, die Schuhputzer, die Zigarrenverkäufer oder der Schneider – nicht mehr vor den neuen Eigentümern gerechtfertigt werden.

Für die Fusion und den Börsengang brauchte Thain die Zustimmung der Mehrheit der »Members« – der Mitglieder. Geschickt argumentierte der Investmentbanker, dass die neuen Aktien flexibler und attraktiver seien als die Börsensitze, die man ja nur an andere Parketthändler und Spezialisten verkaufen könne und deren Wert deshalb großen Schwankungen unterworfen sei. Vor allem viele Mitglieder, die ihren Sitz vermietet hatten und längst pensioniert in Florida die Sonne genossen, waren schnell überzeugt. Ja, jetzt würden sich neue Möglichkeiten für sie ergeben, hofften damals die Händler auf dem »Floor«. Thain hat uns alle beruhigt, sagte Frank Christensen. Christensen war ein Mitglied der Buttonwood Group, einer Art Bruderschaft der ältesten Handelsfamilien auf dem »Parkett«. Thain setzte sich durch. Und

Jerry Putnam wurde zum Miteigner der New York Stock Exchange. Wie er denn dort aufgenommen würde, fragte ihn damals ein Reporter. »Jeder liebt mich«, erwiderte er – ein Scherz. Wer zuletzt lacht, lacht am besten.

Erst schien es, als ob das Börsendebüt und die neue elektronische Handelsplattform keine großen Folgen haben würden. Die Aktien wurden gehandelt wie bisher. Ob die Aktie der NYSE stieg oder fiel, kümmerte nur die Anleger, die NYX-Aktien (das Tickersymbol, mit dem die Aktie abgekürzt wird) besaßen. Ansonsten blieb vordergründig alles wie gehabt. Mir selbst ist auch erst im Laufe der Zeit bewusst geworden, was sich mit dem Börsengang im April 2006 verändert hat.

Vor dem Börsendebüt war es nicht die Aufgabe der Börse gewesen, selbst an dem Handel mit Aktien wachsende Gewinne abzuwerfen. Es waren die einzelnen Mitglieder und Händler, die dort verdienten. Für sie war die Börse so etwas wie die Markthalle für den Obstverkäufer. Das änderte sich mit dem Börsengang. Dadurch wurde die NYSE selbst zu einem gewinnorientierten Unternehmen. Die Aktionäre drängten nun darauf, dass die NYSE sich in erster Linie um den eigenen Profit kümmerte und damit den Aktienkurs steigerte. Die Börse bekam ihre eigene Medizin zu spüren.

Nur sieben Jahre zuvor, bei meiner Ankunft, war die New Yorker Börse der Mittelpunkt des Kapitalismus gewesen, hatten Unternehmen aus aller Welt sich danach gedrängt, hier auf den Kurszettel zu kommen. Doch nun begannen die »Pink Slips« verteilt zu werden. Das sind die berüchtigten Kündigungsschreiben, die in den USA häufig auf zartrosa Papier gedruckt werden. Ende der 90er-Jahre arbeiteten noch über 5000 Händler auf dem »Parkett«. 2006 waren es noch rund 1500 bis 2000 Broker und Trader, die täglich auf dem »Floor« ihrer Arbeit nachgingen. Vor dem

Börsengang waren es die »Members« gewesen, die autark bestimmten, was an der Börse passiert. So gab es etwa zur Jahrtausendwende die Diskussion, ob die Handelszeiten nicht verlängert werden sollten, um sich dem globalen Markt anzupassen. Der Handel lief und läuft heute noch von 9:30 Uhr bis 16:00 Uhr Ortszeit. Der Vorstoß ging in die Richtung die Zeiten von 8:00 Uhr morgens bis 18:00 oder 20:00 Uhr abends auszuweiten. Die »Members« stimmten mit überwältigender Mehrheit dagegen – und wie bei so vielem anderem blieb alles beim Alten.

Die Fusion mit Archipelago und der folgende Börsengang waren vor allem für Gerald »Jerry« Putnam eine späte Genugtuung. Der Mitbegründer von Archipelago hatte bereits 2001 versucht, mit Dick Grasso ins Gespräch zu kommen. Damals wurde er von der »alten« Wall Street verspottet. Das war noch vor den Terroranschlägen. Zu jener Zeit gab es auch noch konkrete Pläne, das »Parkett« der NYSE zu erweitern. Die damals fünf Handelsräume würden nicht reichen, hieß es. Das neue Gebäude sollte einige Blocks weiter nördlich errichtet werden. Um die Adresse Wall Street zu behalten, sollte ein komplizierter Tunneleingang zu der historischen Adresse gegraben werden. Diese Pläne wurden nie realisiert. Das lag zum einen daran, dass die Terroranschläge verdeutlicht haben, welche Risiken eine physische Börse darstellt. Und zum anderen wurde das Parketthandeln nach und nach zur Minderheitenveranstaltung. Heute hat der Floorhandel der New York Stock Exchange nur noch einen Marktanteil von 20 Prozent.

Skandale

Bernard Ebbers – der Rancher

Grasso und sein 140-Millionen-Dollar-Vergütungspaket war kein Einzelfall. In den Jahren nach der Internetblase folgte ein Skandal dem anderen. Da war WorldCom. Bernard (Bernie) Ebbers, der sich mal als Milchmann, mal als Türsteher durchgeschlagen hatte, hatte in den 80ern den richtigen Riecher und stieg bei einem Billigtelefonservice ein. Er wurde Chef der Telefongesellschaft und baute sie durch Dutzende Übernahmen in den 90er-Jahren zu einem der größten Telekommunikationskonzerne der Welt aus. Bald lief über die WorldCom-Leitungen ein Großteil des Internetverkehrs in den USA. In der Spitze erreichte WorldCom einen Marktwert von über 100 Milliarden Dollar und war eines der wertvollsten Unternehmen der Welt.

Ebbers selber ließ es sich gut gehen. Er wurde zu einem der größten Grundbesitzer Nordamerikas. In seinem heimatlichen Kanada kaufte er die Douglas Lake Ranch mit einer Fläche, auf der man New York City dreimal unterbringen könnte. Dort hielt er 22 000 Rinder, eine Wildpferdherde und so viele Angestellte, dass sich eine Kirche und eine Schule für deren Kinder lohnten. Ebbers leistete sich nicht nur eine Jacht, sondern gleich eine Werft für Luxusjachten dazu.

Doch nach dem Platzen der Internetblase flog auch Ebbers auf. In den Bilanzen von WorldCom klaffte ein 11-Milliarden-Dollar-Loch. Der Gewinn wurde schöngerechnet, und Ausgaben wurden versteckt. 2002 musste WorldCom Konkurs anmelden. Rund 20000 Mitarbeiter verloren ihren Job, Investoren rund 180 Milliarden Dollar. 2005 wurde der damals 63-jährige Ebbers zu fünfundzwanzig Jahren Haft verurteilt. Denn seinen Ranchertraum hatte er offenbar mit WorldCom-Aktien finanziert. Als der Kurs von WorldCom ins Trudeln geriet, sprang der Aufsichtsrat ein und lieh Ebbers über 400 Millionen Dollar. Der Prozess gegen Ebbers war eine gewaltige Schlammschlacht. Ebbers, inzwischen 72 Jahre alt, sitzt derzeit seine Haftstrafe in einem Gefängnis im Bundesstaat Louisiana ab, weitab von der Douglas Lake Ranch.

Dennis Kozlowski oder Der pinkelnde David

Nicht durch gewaltige Ländereien, sondern durch rauschende Feste wurde Dennis Kozlowski berühmt oder besser gesagt berüchtigt. Kozlowski, ein bulliger Kahlkopf, der in jedem Thriller den Beine brechenden Gangster hätte geben können, war der CEO von Tyco, einem Mischkonzern, der ursprünglich auf Feuerschutzeinrichtungen spezialisiert war. Kozlowski fing 1975 unten an und arbeitete sich bis 1992 zum Firmenchef hinauf. Ähnlich wie sein Amtskollege Ebbers bei WorldCom ging er auf Einkaufstour. Mit milliardenschweren Übernahmen baute er Tyco innerhalb kürzester Zeit zu einem multinationalen Konzern auf. Im Januar 2002 wurde er vom Wirtschaftsmagazin *Business Week* zu einem der Top-fünfundzwanzig-Manager des Jahres 2001 gekürt.

Wenige Wochen später flog das Gebilde um Kozlowski auf. Ihm wurde vorgeworfen, das Unternehmen um rund 400 Millionen Dollar erleichtert zu haben. Dann erfuhr die staunende

Öffentlichkeit, was Kozlowski sich davon geleistet hatte. Vor allem eine Geburtstagsparty für seine Frau auf Sardinien, die eine römische Orgie nachahmen sollte, hatte es der Wall Street angetan. In luftigen Togen genossen die Gäste unter anderem Wodka, der von einer David-Statue aus Eis – der Skulptur Michelangelos nachempfunden – in ihre Gläser »gepinkelt« wurde. Das sorgte wochenlang für Gesprächsstoff. Zwei Millionen Dollar kostete das Fest, das Kozlowski teilweise von Tyco bezahlen ließ. Außerdem ließ er sich von der Firma ein Apartment in New York für rund 17 Millionen Dollar an der Fifth Avenue finanzieren. Hinzu kamen drei Millionen Dollar für die Renovierung und weitere 11 Millionen Dollar für die Einrichtung. Die Inventarliste, die bei der Gerichtsverhandlung zutage kam, spricht Bände: Ein Schirmständer für 15 000 Dollar, ein Papierkorb für 2200 Dollar, ein Set edler Leintücher für 5900 Dollar, ein Notizbuch für 1650 Dollar, ein Nähkörbchen für 6300 Dollar mit einem Nadelkissen für 445 Dollar. Fürs Abstecken der Haute Couture vielleicht? Rätsel gibt auch eine »Reisetoilette« für 17 000 Dollar auf. Für seine Exfrau ließ Kozlowski sich auf Firmenkosten auch gleich noch eine Wohnung, etwas weiter weg, an der Park Avenue in Manhattan für bescheidenere sieben Millionen Dollar kaufen. Um sich das Schweigen und Wohlwollen der hochrangigen Mitarbeiter zu sichern, erhielten 51 Angestellte rund 56 Millionen Dollar an Bonuszahlungen. Hinzu kamen 39 Millionen Dollar, um auch gleich die Steuern für diesen Bonus zu begleichen. Kozlowski trat im Juni 2002 ab und wurde drei Jahre später zu bis zu fünfundzwanzig Jahren Haft verurteilt. Ihm wurde vorgeworfen, die Firma regelrecht geplündert zu haben. Kozlowski sitzt derzeit in einem Gefängnis in Marcy, im Bundesstaat New York.

Enron

Zum Inbegriff der Wall-Street-Skandale aber ist wohl der Fall Enron geworden. Der Energiekonzern Enron war zur Jahrtausendwende zwischenzeitlich das siebtgrößte Unternehmen der USA, zumindest nach Börsenwert. Der Jahresumsatz betrug über 100 Milliarden Dollar. Rund 22 000 Mitarbeiter wurden beschäftigt. Das 1985 von Kenneth Lay gegründete Energieunternehmen baute innerhalb kürzester Zeit ein großes Netz an Gas-Pipelines auf. Vor allem aber wurde Enron zu einem der großen Energiehändler Amerikas. Der Aktienkurs erreichte im Frühjahr 2001 einen Spitzenwert von 90 Dollar. Das Wirtschaftsmagazin *Fortune* kürte Enron im Zeitraum von 1996 bis 2001 sechsmal in Folge zum innovativsten Unternehmen der USA. So kann man sich irren – es sei denn, *Fortune* spielte mit dem Ausdruck innovativ auf Enrons kreative Buchführung an. Wir berichteten in unserem Büro auch über das Phänomen Enron. Es galt als das Modell eines Unternehmens in der New Economy, es ließ die biederen Stromversorger wie Überbleibsel einer vergangenen Ära aussehen. Und ich muss gestehen, dass auch wir nicht wirklich durchstiegen, wie Enron genau Geld verdiente.

Das Ende kam schnell und heftig. Am 12. Februar 2001 löste der operative Geschäftsführer Jeff Skilling den damals 58-jährigen Lay an der Firmenspitze ab. Nur ein halbes Jahr später, im August, trat Skilling, angeblich aus persönlichen Gründen, zurück. 132 Millionen Dollar soll ihm der Chefposten trotz der kurzen Amtszeit gebracht haben. Lay übernahm wieder die Leitung des Unternehmens.

Dann, im November 2001 räumte Enron ein, rund 600 Millionen Dollar falsch ausgewiesen zu haben. Der Aktienkurs fiel unter einen Dollar. Am 2. Dezember wurde der Bankrott offiziell bekannt gegeben. Es war der bis dahin größte Konkurs in der US-amerikanischen Wirtschaftsgeschichte.

Was war passiert? An der Wall Street wurde das nett mit kreativer Buchführung umschrieben. Im Mittelpunkt standen SPEs. Das steht für »Special Purpose Entities«, in Enrons Fall ein Netz von Teilhaberschaften mit beschränkter Haftung. Das waren buchhalterische Vehikel, mit denen Verluste und Schulden aus der Enron-Bilanz in die Bilanzen der unterschiedlichen SPE-Gesellschaften befördert wurden. Der damalige Finanzchef Andrew Fastow hatte zusammen mit seiner Frau Lea, die als stellvertretende Leiterin der Finanzabteilung bei Enron arbeitete, diese Gebilde kreiert. Forensische Buchhalter – also Ermittler, die kriminelle Machenschaften anhand von Unterlagen und Buchungen untersuchen – waren später fasziniert, wie einfallsreich die Fastows bei der Namensgebung dieser Vehikel waren – sie ließen sich vom Hollywood-Epos *Krieg der Sterne* inspirieren, und so hießen die Vehikel nach den Rittern jenes fernen Universums Jedi und Chewco, eine Abkürzung für Chewbacca, den zotteligen Freund von Han Solo, dem Helden der Science-Fiction-Saga. Später entliehen sie Namen aus Steven Spielbergs Thriller *Jurassic Park* mit Vehikeln wie dem Dinosaurier Raptor. Das Ziel war es, den Aktienkurs immer höher zu treiben – wovon wiederum die Topmanager, die mit großzügigen Aktienpaketen entlohnt wurden, besonders profitierten. Mehrere Milliarden Dollar an Schulden und Verlusten tauchten so nie offiziell in den Büchern auf. Die ausstehenden Schulden beliefen sich Ende 2001 auf über 38 Milliarden Dollar. Dann kamen im Sommer erste Gerüchte auf, dass die Zahlen bei Enron geschönt wurden. Der Aktienkurs geriet ins Trudeln. Lay, Skilling, Fastow und andere Topmanager verkauften schnell große Teile ihrer eigenen Aktienpakete. Kurz vor Weihnachten war dann Schluss. Rund 20 000 Mitarbeiter verloren nicht nur ihren Arbeitsplatz, sondern auch große Teile ihrer Altersvorsorge, die über in den USA übliche Vorsorgepläne in Enron-Aktien investiert worden waren.

Spektakulär war aber nicht nur die Pleite, sondern auch die folgende Prozesslawine. Jeff Skilling wurde zu zwanzig Jahren Haft verurteilt. Bei dem Verfahren kam es mehrfach zu Wutausbrüchen des als cholerisch bekannten Skilling. Kenneth Lay erlag im Juli 2005, rund vier Monate vor seiner Urteilsverkündung, einem Herzinfarkt. Er befand sich – dank Kaution auf freiem Fuß – im Sommerurlaub in Colorado. Sein Tod löste Verschwörungstheorien aus. Lay galt als guter Bekannter des damaligen Präsidenten George W. Bush. Enron war einer der größten Geldgeber für dessen Präsidentschaftswahlkampf Abweichungen gab es beim offiziellen Todestag. Den Verschwörungstheorien zufolge sollte Lay sich abgesetzt und für tot erklären lassen haben.

Die Rigas-Familie

Dann gab es da noch die Rigas-Familie. Der Patriarch John Rigas, der das Kabelunternehmen Adelphia gründete, wurde vom *Time Magazin* auf die Liste der zehn korruptesten Firmenchefs gesetzt, nachdem klar wurde, dass er und seine Luxus liebenden Verwandten 2,3 Milliarden Dollar an Schulden vor den Investoren verheimlichten. Rigas sei ein typischer Repräsentant der vertrauten amerikanischen Lebensgeschichte vom Tellerwäscher zum Millionär (besser: Milliardär), der dann vors Bundesgericht komme, lästerten damals die *Time*-Journalisten. Fast jede Woche liefen in den frühen 2000er-Jahren neue Bilder über die Fernsehbildschirme, die von Beamten des FBI in Handschellen abgeführte Topmanager zeigten. Dieser »Perp Walk« wurde beinahe schon zum TV-Ritual.

Diese Fälle warfen ein Schlaglicht auf eine Selbstbedienungsmentalität, die sich in den Chefetagen breitgemacht hatte. Die CEOs hatten offenbar vergessen, dass sie nur Verwalter, also Angestellte der Eigentümer, sind. Sie sollten die Geschicke zugunsten der Aktionäre lenken. Der Aufsichtsrat sollte darüber wachen, dass sie ihre Aufgabe in diesem Sinn wahrnahmen. Doch statt Kontrolle herrschte – und herrscht in vielen Fällen bis heute – Klüngel in den Aufsichtsgremien. Allzu oft sorgten und sorgen immer noch Topmanager dafür, dass bekannte CEO-Kollegen oder Menschen, die mit ihnen Beziehungen unterhielten, in »ihren« Aufsichtsrat kamen. Wer holt sich schon gern eine Laus in den Pelz, also einen wirklich kritischen Aufsichtsrat? Und auch die Vertreter der Großaktionäre, der Pensionskassen und Investmentfonds spielten und spielen weitgehend mit. Boshaft ausgedrückt, bestanden die Skandale der frühen 2000er-Jahren darin, dass einige CEOs die Show einfach überzogen.

Das Versagen der Aufsicht

Die Aufsichtsräte in den Skandal-Unternehmen waren nicht die Einzigen, deren Aufgabe es gewesen wäre, die CEOs zu kontrollieren – und die grandios versagten. Über den Fall Enron stürzte auch eine der führenden Wirtschaftsprüfungsgesellschaften. Arthur Andersen, die bei Enron die Bücher prüfte, wurde vorgeworfen, die Justiz behindert zu haben. Mitarbeiter von Andersen schredderten tonnenweise Unterlagen, um den Behörden den Zugriff auf die Enron-Akten zu entziehen. In einer Kongressanhörung räumte der damalige Andersen-Chef Joseph Berardino ein, man habe die Lage falsch eingeschätzt. Allerdings stellte sich Berardino vor allem als Opfer dar. Enron habe Unterlagen unterschlagen. Sonst wäre seine Firma zu ganz anderen Schlüssen gekommen – was allerdings auch zutraf: Arthur Andersen bot Enron neben der Wirtschaftsprüfung noch andere Beratungsleistungen an. Ein klarer Interessenkonflikt. Wer will schon gerne einen guten Kunden mit bohrenden Nachfragen ärgern? Arthur Andersen verlor seine Wirtschaftsprüferlizenz. Von einst 28 000 Mitarbeitern in den USA und rund 85 000 Mitarbeitern weltweit blieben schließlich nur etwa 200 übrig.

Auch die Ratingagenturen gerieten nach dem Zusammenbruch von Enron unter Feuer. Ihre Analysten waren schließlich beauftragt, die Lage des Unternehmens zu ermitteln, um den Anlegern dessen Kreditwürdigkeit zu dokumentieren. Doch auch hier gab es Interessenkonflikte – Konflikte, die später in der Finanzkrise eine entscheidende Rolle spielen sollten. Denn Unternehmen bezahlen, um eine Bewertung von Standard & Poor's, Fitch oder Moody's zu bekommen. Das ist übrigens bis heute so. Tatsache ist, dass keine der Ratingagenturen eine Warnung aussprach.

Die Investmentbanken machten auch keinen besseren Job. Zahlreiche Analysten der Banken empfahlen die Aktie von Enron noch bis zum Sommer 2001 zum Kauf – Wochen vor dem Kollaps!

Und auch wir Journalisten müssen uns eingestehen, dass wir uns über weite Strecken von den Managern, die teilweise wie Popstars gefeiert wurden, blenden ließen. Keiner der Skandale wurde von der Presse aufgedeckt. Bei Enron war es Sherron Watkins, eine mittlere Führungskraft, die mit ihrem Wissen den Stein ins Rollen brachte.

Man kann dem damaligen Präsidenten George W. Bush sicher viel vorwerfen. Doch gegen die Bilanzskandale griffen seine

Regierung und der Kongress durch. (Man hätte sich ein ebensolches Durchgreifen von seinem Nachfolger Obama nach der Finanzkrise erhofft. Das ist aber weitgehend ausgeblieben.) Als Teil des Sarbanes-Oxley-Act (SOX) wurde eine neue Aufsichtsbehörde gegründet, die Public Company Accounting Oversight Board (PCAOB). Die internen Kontrollen wurden verstärkt, und vor allem wurden die Topmanager in die Verantwortung genommen. Diese müssen die Richtigkeit der Bilanzen beglaubigen. Bei Verfehlungen drohen bis zu zwanzig Jahre Haft. Es war die bis dahin weitreichendste Reform der Börsenaufsicht seit der Weltwirtschaftskrise. Die Wirtschaft klagte viel über die angebliche Überregulierung durch SOX, doch seither ist es um das Thema Bilanzkosmetik verhältnismäßig still geworden.

Was allerdings auch SOX nicht beheben konnte, war das Misstrauen nach dem Platzen der Dotcom-Blase. Dann kamen diese neuen Skandale und die einstigen Starmanager in Handschellen. Das Vertrauen in die Börse und die dort notierten Unternehmen war nachhaltig erschüttert. Es blieb der Eindruck eines Systems, in dem normale Anleger keine faire Chance hatten. Das Gefühl, dass sie Goldfische in einem Haifischbecken sind.

Neue Chips für die Zocker der Wall Street: Derivate

Wie konnte es sein, dass selbst Wall-Street-Profis so lange von Enrons Managern hinters Licht geführt werden konnten? Die Antwort lautet: Derivate. Erst diese komplexen Finanzkontrakte machten aus einem normalen Energieversorger jenen faszinierenden innovativen Global Player. Das eigentliche Unternehmen, mit dem Enron einst Mitte der 80er-Jahre startete, erzeugte Strom aus Gas und transportierte Energie über Netze und Pipelines. Ein einträgliches, wenn auch wenig aufregendes Geschäft. Doch dann begannen die Enron-Händler, Kontrakte anzubieten und zu handeln, mit denen sich auf künftige Energiepreise spekulieren ließ. Andere Energieunternehmen und vor allem Banken begannen sich für diese Energiewetten zu interessieren. Dank Enron entstand ein milliardenschwerer neuer Markt für Energiederivate. Allein in den drei Jahren vor dem Kollaps verbuchte Enron 16 Milliarden Dollar Gewinne aus Derivategeschäften. Mithilfe dieser komplexen Transaktionen konnten die Manager die auflaufenden Verluste aus dem Kerngeschäft vertuschen – bis sich zu viele Buchungen als Luftnummern herausstellten.

Schon vor Enron hatten sich immer wieder Institutionen und Unternehmen mit Derivaten verspekuliert. Doch das Enron-Debakel hatte eine andere Dimension: Es war ein neuer Markt mit unerprobten Instrumenten entstanden – mehr oder weniger komplett an Regulierern und Aufsehern vorbei. Enron hätte Aufsehern und Marktteilnehmern als Warnzeichen dienen sollen. Doch die Debatte über eine Zügelung des schnell wachsenden Derivatemarkts währte damals nur kurz, hauptsächlich sah man Enron als Managementskandal. Sieben Jahre später, im Herbst 2008, als Lehman fiel und der Versicherer AIG wankte, sollten neue Märkte für neue unerprobte Derivate wieder eine Rolle spielen – dieses Mal mit weit verheerenderen Folgen für die ganze Welt.

Verständlich, dass die komplexen Finanzinstrumente nun gerne verteufelt werden. Aber Derivate sind aus unserem Finanzsystem und unserer Wirtschaft nicht mehr wegzudenken.

Die Derivatekontrakte sind im Prinzip Wetten auf künftige Preisbewegungen etwa von Devisen, Aktien, Rohstoffen und vor allem auf Zinsschwankungen. Mit ihrer Hilfe können Industrieunternehmen und Großanleger wie Lebensversicherer oder Pensionskassen ihr Risiko minimieren – mit Vorteilen für alle Beteiligten. Ihre Gegenparts bei diesen Wetten sind Hedgefonds und die Händler der Banken, die auf Gewinne spekulieren. Derivate sind keine neue Erfindung, es gibt sie eigentlich schon seit babylonischen Zeiten.

Greifen wir das beliebte Beispiel vom Bauern und dem Bäcker auf: Der Bauer sät im Frühjahr, dazu muss er den Acker bestellen, Dünger und Saatgut kaufen – Kosten, die er vorab tragen muss. Er geht damit ein Risiko ein, denn erst im Spätsommer, bei der Ernte, wird sich herausstellen, ob sich der Einsatz gelohnt hat. Auf der anderen Seite steht der Bäcker, der bei seinem Geschäft das Risiko hat, dass er nicht weiß, wie hoch seine Kosten für Getreide in den kommenden Monaten sein werden. Mithilfe eines Terminkontrakts können Bauer und Bäcker ihr Risiko gegenüber plötzlichen Preisausschlägen mindern. Sie einigen sich bereits im Frühjahr darauf, dass der Bauer dem Bäcker seine künftige Ernte zu einem bestimmten Preis anbieten wird. Damit weiß der Bauer schon bei der Aussaat, welchen Preis er erzielen kann – auch wenn der aktuelle Marktpreis bei der Ernte darunterliegen sollte. Der Bäcker wiederum hat das Recht, das Getreide bei Fälligkeit des Kontrakts zu diesem Preis zu kaufen, selbst, wenn der Getreidepreis zu diesem Zeitpunkt über dem vereinbarten Preis liegt. Ein Problem gibt es allerdings: In der Regel kommt es selten vor, dass Bauer und Bäcker, also die Kontraktpartner, in ihren Vorstellungen von Preis und Termin genau übereinstimmen. Da kommen die Spekulanten ins Spiel. Sie gehen Terminkontrakte ein, obwohl sie keinerlei Interesse an dem Getreide selbst haben. Sie wetten darauf, später einen Käufer für den Kontrakt zu finden und eine Profitmarge dabei herauszuholen. Der Profit ist ihr Anreiz – dem ohne diesen Anreiz wären die Spekulanten nicht bereit, auf dem Markt mitzumachen. Die Teilnehmer, die ihre Preise absichern wollen, brauchen wiederum die Spekulanten, ohne sie gäbe es nie genug Angebot und Nachfrage und damit keine passenden Kontrakte.

Mit den modernen Derivaten haben die in Steinstelen gemeißelten Vereinbarungen aus Mesopotamien oder die Kontrakte der Farmer, Metzger und Bäcker allerdings inzwischen so viel zu tun wie Kokablätter mit Crack. Aus dem Grundprinzip des Terminhandels haben Finanzingenieure raffinierte Produkte abgeleitet, die auch an der Wall Street nur wenige durchblicken (kein unbedeutender Faktor bei der Finanzkrise 2008). Trotzdem können Finanzmärkte und globale Wirtschaft ohne die neuen Instrumente der Risikoverteilung nicht mehr funktionieren. Wir alle sind abhängig von ihnen – ohne dass es den meisten von uns klar ist. Derivate sind längst überall in unserem Alltag. Das fängt schon beim Frühstück mit Kaffee, Milch und Zucker an – lauter Produkte, für die Terminkontrakte gehandelt werden. Der Hersteller Ihres Autos, mit dem Sie ins Büro fahren, hat Rohmaterialien wie Stahl abgesichert und bestimmt auch sein Wechselkursrisiko im internationalen Geschäft. Und die Bank, die dem Autokonzern einen Kredit zum Wareneinkauf gibt, sichert sich mit Derivaten gegen steigende Zinsen ab. Der Verwalter Ihres Altersvorsorgefonds nutzt Derivate, um das Portfolio zu sichern. Und so weiter und so fort. Bei fast allen Produkten und Transaktionen dienen heute Derivate den Marktteilnehmern, um ihre Risiken abzutreten, und anderen, um damit zu spekulieren.

Im Laufe der Zeit wurden einige Kontrakte immer mehr standardisiert. Das erlaubte, sie ähnlich wie Aktien zu handeln. Heute werden weltweit Futures und Optionen im nominalen Wert von 60 Billionen Dollar an Börsen gehandelt. Zum Vergleich: Die Weltwirtschaftsleistung (das Bruttoinlandsprodukt aller Länder) im Jahr 2012 entsprach 71 Billionen Dollar. In den USA wurde Chicago der zentrale Handelsplatz für die Terminkontrakte. Chicago war im 19. Jahrhundert ein Eisenbahnknotenpunkt, wohin die Farmer und Viehzüchter aus dem Mittleren Westen ihre Produkte lieferten. Die Chicago Board of Trade, gegründet 1848, und die fünfzig Jahre jüngere Chicago Mercantile Exchange, die ursprünglich als Chicago Butter and Egg Board startete, waren die mächtigen Börsen, an denen die Preise ermittelt wurden. Bis heute dominieren die Chicagoer den Markt der Futures.

Doch so gewaltig 60 Billionen klingen, die börsengehandelten Derivate stellen nur einen kleinen Teil der Derivatewelt dar. Der weitaus größte Teil wird von den Kontraktpartnern – etwa Banken, Unternehmen und Hedgefonds – außerhalb der Börse vereinbart. Das sind die sogenannten Over-the-Counter-Instrumente – OTC-Derivate, die von kleineren Händlern, aber auch großen Investmentbanken direkt über den Ladentisch gehandelt werden und damit nicht der strengen Regulierung von Börsen und öffentlichen Aufsichten unterliegen.

Nach Schätzungen der Bank für Internationalen Zahlungsausgleich beträgt der nominale Wert dieser außerbörslichen Derivate über 600 Billionen Dollar – eine Summe, die etwa 200-mal so hoch ist wie das deutsche Bruttosozialprodukt (und der neunfachen Weltwirtschaftsleistung entspricht).[15] Zur Beruhigung: Die Summe stellt nicht das absolute Verlustrisiko dar. Viele der Wetten heben sich gegenseitig auf. Aber dennoch ist es eine schwer vorstellbare Zahl.

Was Derivate so attraktiv für die Wall Street macht: Man braucht im Gegensatz zu Aktien oder Anleihen wenig Kapital, um sie zu handeln. Wer etwa auf steigende Aktienkurse wetten will, kann die Aktie direkt kaufen. Dann muss er allerdings sofort den vollen Preis der Aktie zahlen. Oder er kann einen Terminkontrakt auf dieselbe Aktie kaufen, mit dem er auf steigende Kurse setzt. Der Kontrakt kostet nur einen Bruchteil des Aktienwerts und lässt sich genauso handeln wie die Aktie selbst. Ein weiterer Vorteil von Derivaten: Sie sind praktisch unendlich vermehrbar. Die Zahl der Aktien eines Unternehmens steht fest und ändert sich nur, wenn das Unternehmen mit Zustimmung der Aktionäre weitere Aktien ausgibt. Ein Derivat dagegen kann so oft entstehen, wie sich Vertragspartner einig werden. Spekulanten, Unternehmen und Banker entdecken deshalb immer neue Möglichkeiten für Derivate. Praktisch für alle erdenklichen Risiken – Schneefall, Hurrikane, Regen, Frachtraten, Immobilienwerte, Schweinebäuche, Zinsraten, Euroschwankungen, Gold-, Silber-, Platin- oder Palladiumveränderungen – lässt sich ein Derivat konzipieren.

Blythe Masters

Zu den Bestsellern gehörten in den 2000er-Jahren Kreditderivate oder Credit Default Swaps (CDS), jene Kontrakte, die die unrühmliche Rolle in der Finanzkrise 2008 spielen sollten. Federführend entwickelt hat die CDS die Investmentbankerin Blythe Masters. Masters, eine begeisterte Hobbyreiterin, wuchs im englischen Kent auf und machte ihren Schulabschluss am angesehenen King's College. Danach studierte sie Volkswirtschaft am elitären Trinity College in Cambridge. Nach mehreren Sommerpraktika bei JP Morgan in London – bei ihrem ersten Praktikum in der Derivateabteilung war sie erst achtzehn Jahre alt – stieg sie dort nach ihrem Abschluss 1991 in den Handel mit Rohstoffderivaten ein. Als sie im Alter von dreiundzwanzig Jahren Mutter wurde, soll sie sogar im Kreißsaal per Mobiltelefon versucht haben, die aktuellen Kurse zu verfolgen – den entsprechenden Bericht des *Guardian*, der sie als außerordentlich ehrgeizig schilderte, wies sie allerdings energisch zurück.

Zwei Jahre später wechselte sie in die Zentrale von JP Morgan nach New York. Ihren Durchbruch verdankt Masters letztlich dem verunglückten Ölsupertanker Exxon Valdez, der im März 1989 vor Alaska lecklief. Eigentümer war der Ölkonzern Exxon, der zu einem Schadensersatz in Höhe von 5 Milliarden Dollar verurteilt wurde. Exxon lieh sich das Geld von JP Morgan. Doch das hatte Nachteile für die Großbank: Eigentlich hätte JP Morgan eine entsprechende Summe als Reserve zurückstellen müssen, um vorschriftsgemäß gegen einen potenziellen Kreditausfall von Exxon, den Schuldner, vorzusorgen. Das wäre aber teuer gewesen für die Bank: viel Geld, das als Reserve herumliegt und deshalb keine Rendite abwirft. Dagegen ist Wall Street geradezu allergisch.

Da fanden Masters und ihr Team einen Dreh: Sie verkauften einfach das Kreditausfallrisiko. Partner des neuartigen Deals wurde die Europäische Bank für Wiederaufbau und Entwicklung EBWE. Die EBWE-Banker kalkulierten, dass ein Bankrott des Ölgiganten Exxon unwahrscheinlich sei, und strichen für die Übernahme des – theoretischen – potenziellen Ausfallrisikos eine jährliche Prämie von JP Morgan ein. Ähnlich wie eine Versicherung. Die Transaktion nahm die Form einer Wette an: EBWE wettete, dass Exxon nicht pleitegehen würde und verdiente, ohne selbst einen Kredit ausgeben zu müssen. So entstand eine neue Möglichkeit, auf Kreditrisiken zu wetten. Alle Beteiligten dieses ersten historischen Deals profitierten: Exxon bekam einen Kredit, JP Morgan kassierte die Zinsen und Gebühren daraus und EBWE eine schöne Prämie. Ein Meisterwerk von Blythe Masters!

Schnell verbreitete sich das neue Derivatemodell an der Wall Street. Die Spekulanten freuten sich: Endlich gab es mit den CDS einen Kontrakt, mit dem sich auf Kredite so problemlos wetten ließ wie mit Aktien und Aktienderivaten auf Unternehmensgewinne. Und: Es schien die perfekte Lösung für Banken zu bieten, problemlos Kredite ausgeben zu können, ohne sich über lästige und teure Reserven Gedanken machen zu müssen.

Der tiefe Fall des Maurice »Hank« Greenberg

Der international tätige Versicherungskonzern American International Group (AIG) stand an der Wall Street lange für Macht, Erfolg und Profit. Es war einer der blauesten «Blue Chips« an der New York Stock Exchange. Maurice Greenberg, bis heute von allen Hank genannt, hat AIG zwar nicht gegründet, doch das schmale Männchen mit dem stahlblauen Blick hatte AIG zu einem Weltkonzern ausgebaut, dessen Geschäfte bis tief nach China reichten. Angefangen hatte der Veteran des Zweiten Weltkriegs (er war bei der Befreiung des KZs Dachau dabei) kurz nach seiner Rückkehr aus Europa als Versicherungsvertreter. In den 90er- und 2000er-Jahren regierte Hank längst sein Reich vom Art-déco-Turm an der Pine Street inmitten des Finanzdistrikts aus. 1968 hatte er die Firmenspitze erklommen. Dabei kümmerte sich der Kontrollfanatiker um fast alles, selbst darum, wie viele Cocktails seine Topmanager beim Lunch zu sich nahmen. (Alkoholkonsum bei der Arbeit war in den 60er-Jahren normal, wenn vielleicht auch nicht so exzessiv wie in der US-amerikanischen Kult-Fernsehserie *Mad Men* dargestellt.)[16]

Zum Verhängnis wurde Greenberg und AIG ein Deal mit General Reinsurance (Gen Re), einer Rückversicherungsgesellschaft in Warren Buffets Berkshire-Hathaway-Imperium, im Jahr 2000. Nach dem Platzen der Internetblase waren Anleger beunruhigt, und Analysten kritisierten, dass AIG möglicherweise zu wenig Reserven haben könnte. Das ließ den Aktienkurs sinken – und Hank musste befürchten, dass eine geplante Übernahme platzen würde: Greenberg hatte sich in den Kopf gesetzt, den kleineren Rivalen American General aufzukaufen. Und weil er sparsam war, wollte er dafür AIG-Aktien statt Cash einsetzen. Da soll Greenberg zu einer unsauberen Methode der Bilanzkosmetik gegriffen haben, die AIGs Reserven um 500 Millionen Dollar besser aussehen ließ. Das behauptete zumindest Generalstaatsanwalt Eliot Spitzer (jener Spitzer, der auch dem Staranalysten Henry Blodget das Licht auspustete). Der Skandal gipfelte in einer Milliardenstrafe für AIG und dem forcierten Rücktritt von »Hank« Greenberg 2005 nach vierzig Jahren an der Unternehmensspitze.

»Täuschung und Betrug« war der Vorwurf, den Spitzer in einer Klage gegen AIG und Greenberg persönlich erhob. Die Demütigung hat der ehemalige AIG-CEO nie verwunden, und er prozessiert noch heute gegen sein einstiges Unternehmen. Spitzer verzieh er nie. (An der Wall Street munkelt man bis heute, dass Greenberg dafür gesorgt haben könnte, dass Spitzer als »Kunde Nummer 9« des Edel-Prostitutionsrings Emperors Club VIP aufflog und als Gouverneur zurücktreten musste.) Im Juli 2013 erhob Greenberg Klage gegen Spitzer wegen wiederholten Rufmords und einer »böswilligen Kampagne« gegen ihn.

Der tiefe Fall von »Hank« Greenberg und AIG sorgte für Schlagzeilen und Gesprächsstoff an der Wall Street. Eine Folge davon alarmierte allerdings nur Insider: AIG hatte vor dem Skandal die Bestnote der Ratingagenturen, ein AAA, für beste Kreditwürdigkeit erhalten. Durch die Vorkommnisse strichen die Ratingagenturen im März 2005 ein A. Immer noch eine exzellente Bewertung, über die sich andere Unternehmen gefreut hätten.

Doch das gestrichene A setzte einen fatalen Dominoeffekt in Gang. Und das kam so: »Hank« Greenberg hatte einen Favoriten bei AIG, einen Polizistensohn aus dem New Yorker Stadtteil Brooklyn namens Joe Cassano. Ihn förderte er nach Kräften. Cassano schlug Greenberg 1997 ein neues Geschäft vor: Kreditderivate. (Das Konzept hatte er sich von einem JP Morgan-Pitch abgeschaut. Statt deren BISTRO-Papiere, die Neuerfindung von Blythe Masters, zu kaufen, wollte er entsprechende Kreditderivate bei AIG nachbauen.) Greenberg gab ihm die Erlaubnis, einen eigenen Bereich dafür in London aufzuziehen. Die Idee schien lukrativ und auf den ersten Blick nicht riskant. AIG würde seine Top-Kreditbewertung – das von Greenberg so gepflegte und begehrte AAA – nutzen, um schlechtere Risiken sicherer zu machen. Eine Bank etwa würde ein Bündel Kredite zusammenstellen, für das sie eigentlich – siehe JP Morgan und Exxon bei Blythe Masters historischem Deal – Reserven zurücklegen müsste. Doch wenn AIG das Kreditrisiko übernehmen würde, müsste die Bank nicht mehr so hohe oder gar keine Reserven hinterlegen. Ein geldwerter Vorteil für die Bank! Und AIG erhielt für die Übernahme des Ausfallrisikos eine Prämie. So weit, so clever.

AIG Financial Products gehörte bald zu den begehrtesten Partnern im schnell expandierenden Universum der Kreditderivate. Und Cassano lebte wie ein Master of the Universe. Rund 300 Millionen Dollar soll er bei AIG Financial Products verdient haben. Cassano versuchte, nicht zu sehr in der Öffentlichkeit aufzufallen. In einem Artikel für *Vanity Fair* im August 2009 schrieb Michael Lewis (bekannt als Autor von *Liar's Poker* und *The Big Short*): Cassano trug »crappy« (beschissene) Anzüge, fuhr ein »crappy« Auto und verbrachte eigentlich seine ganze Zeit im Büro. Es gibt auch nur sehr wenige öffentliche Fotos von ihm in der Presse. Auf einem dieser seltenen Schnappschüsse sieht man den AIG-Mann mit Rad, Fahrradhelm und Sportbrille vor seinem 8-Millionen-Dollar-Heim in London. Er soll Anteile an einem Privatjet besessen haben, mit dem er komfortabel zu den unterschiedlichsten Terminen jettete.

Doch dann entzogen die Ratingagenturen AIG im Frühjahr 2005 die Topbewertung. Und nun trat eine Klausel im Kleingedruckten der Kreditderivate ein: Darin hatte sich AIG verpflichtet, im Fall einer – aus Firmensicht unwahrscheinlichen – Herabstufung der Kreditbewertung den jeweiligen Kontraktpartnern Sicherheiten zu stellen. Das hieß im Klartext, AIG musste Vertragspartnern wie der Investmentbank Goldman Sachs oder der Deutschen Bank bares Geld überweisen. Eine Weile schienen die Verluste verkraftbar. Eine geraume Zeit ließen sich die Vorgänge in London vertuschen.

Greenbergs unglücklicher Nachfolger Martin Sullivan, ein Brite, der vor allem als stolzer Sponsor von Manchester United auffiel, durchschaute offenbar lange Zeit nicht, in welcher Gefahr sein Konzern schwebte. Doch dann begannen 2007 als Vorbote der Finanzkrise die Häuserpreise zu fallen. Die Kreditbündel – darunter Hypotheken auf US-Immobilien, für die AIG so großzügig mit der eigenen Kreditwürdigkeit garantierte – galten plötzlich als weit riskanter als angenommen. Und die Vertragspartner verlangten aufs Neue höhere Sicherheiten. Für die AIG-Manager wurde es immer schwieriger, das nötige Geld aufzutreiben. Sullivan wurde am 15. Juni 2008 durch den Aufsichtsratsvorsitzenden Robert Willumstad ersetzt, der sich der Schwere seines Amtes bewusst war. (Er hatte sich im Frühjahr persönlich dafür eingesetzt, dass Cassano gefeuert wurde.) Ein denkwürdiges Ereignis war eine stundenlange Präsentation vor Analysten, in der die AIG-Verantwortlichen sich bemühten, Anleger und Aufsicht zu beruhigen. Ohne Erfolg: Mit jedem neuen Zweifel an den Hypothekenkrediten pochten die Banken bei AIG auf Nachschub.

Schon Ende Juli 2007 hatte Willumstad versucht, beim Präsidenten der New Yorker Federal Reserve (Fed), Timothy Geithner, auszuloten, ob die Fed eventuell einspringen würde, um AIGs Liquiditätsprobleme zu lösen, hatte aber nur die vage Antwort bekommen, dass die Fed so etwas noch nie gemacht habe. »Halt mich auf dem Laufenden«, waren Geithners Abschiedsworte, bevor er ins nächste Meeting eilte.

Im September 2008 herrschte in der Pine Street schließlich nackte Panik. Angeblich würde Standard & Poor's AIG in den nächsten Tagen von AA- (das Minus war im Mai dazugekommen) auf A- herunterstufen. Die Barreserven der Firma würden nach der Abwertung nur noch wenige Tage reichen, um weitere Sicherheiten für ausstehende Kredite auszuzahlen. AIG stand kurz vor der Zahlungsunfähigkeit – und viele an der Wall Street wussten das. Zum einen war AIG neben Lehman Brothers das meistdiskutierte schwarze Schaf der Branche, zum anderen hatte Willumstad sie direkt um Unterstützung bei der Kapitalaufnahme angefleht – ohne Erfolg.

Gleich am Montagmorgen nach dem Wochenend-Showdown für Lehman Brothers berief Geithner die Banker von JP Morgan und Goldman Sachs zu einem weiteren Meeting ein: Sie sollten einen Rettungsplan für den wankenden Versicherungsriesen AIG ausarbeiten.

Das Vorgehen hatte Geithner die Nacht zuvor noch mit Finanzminister Henry Paulson abgestimmt. Denn sowohl die Fed als auch das Finanzministerium wussten, was auf dem Spiel stand: Sämtliche große Bankhäuser der Wall Street, aber auch ausländische Regierungen und Unternehmen hatten Kreditgeschäfte im Wert von Billionen über AIG abgesichert.[17] Ein Bankrott von AIG würde milliardenschwere Verluste für alle bedeuten, vielleicht sogar den gesamten Finanzmarkt in den Abgrund ziehen. Doch die Liquiditätslücke von geschätzt 60 Milliarden war einfach zu groß für eine marktbasierte Lösung, wie die Banker am Dienstagmorgen Geithner berichteten.

Dieser griff deshalb zu Plan B: Entgegen den bisherigen Statements von Paulson würde der Staat nun doch eingreifen – jedoch nicht mit einem »Bail-out«, einer Schuldenübernahme. Am Dienstagnachmittag bekam Willumstad ein Fax mit den Bedingungen: AIG würde noch in der Nacht auf den 16. September 2008 einen Rettungskredit über 85 Milliarden Dollar von der Federal Reserve erhalten – und dafür zu 79,9 Prozent in Staatsbesitz übergehen. Der Kredit wurde zu marktüblichen Konditionen mit einem saftigen Zins von knapp 11 Prozent ausgestellt. Am Telefon nannte Finanzminister Paulson eine weitere Bedingung: CEO Willumstad würde zurücktreten müssen.

Das frische Geld reichte AIG direkt weiter an die Vertragspartner der Kreditderivate, die den Konzern in den Kollaps gedrängt hatten. Wie die US-Notenbank Fed erst viel später zugab, floss ein Großteil der staatlichen Hilfsmittel sofort an die Banken – Goldman Sachs erhielt 12,9 Milliarden, Société Générale 11,9 Milliarden, Deutsche Bank 11,8 Milliarden und Barclays PLC 8,5 Milliarden. (Immerhin: Im Laufe der nächsten fünf Jahre verkaufte AIG Unternehmensanteile wie auch Aktien und zahlte mit den Erlösen bis März 2013 den Staatskredit samt Zinsen an die Regierung zurück und ist nun wieder zu 100 Prozent in privater Hand.)

Überlassen wir Blythe Masters das letzte Wort. Ihre Credit Default Swaps sollten Kredite sicherer machen und deshalb leichter zu vergeben und zu erhalten sein. In einem Fernsehinterview 2009 erinnerte sie sich wie folgt an die Pionierzeit der CDS: »Es war ein großartiges Gefühl, an einer Erfindung beteiligt zu sein – aber nicht nur an der Erfindung eines neuen Produkts, sondern an der Schaffung eines eigenen Marktes, der echte Wertschöpfung mit sich brachte. Denn Kredit hilft, Wachstum zu schaffen, hilft Unternehmen zu investieren, hilft bei der Schaffung von Arbeitsplätzen und so weiter. Die Ironie der Geschichte ist, dass mit Kredit zu locker umgegangen wurde.«[18]

Das große Beben

Es ist Sonntagmorgen. Es ist ein richtig schöner New Yorker Frühherbsttag. An diesem Tag, dem 14. September 2008, wollen wir den ersten Geburtstag unseres Sohnes feiern. Wir haben Freunde und Bekannte zum Picknick in den Prospect Park in Brooklyn eingeladen.

Wir sind beide Finanzjournalisten, ich arbeite für Rundfunk und Fernsehen, meine Frau für die Printmedien. Zu diesem Zeitpunkt hatten wir uns schon seit mehr als einem Jahr mit den Auswirkungen der Immobilienblase und den wackeligen Hypothekenpapieren beschäftigt. Und mit den immer neuen Spekulationen über Verluste bei großen Wall-Street-Häusern. Im März hatte es den ersten großen Schlag gegeben. Da war Bear Stearns über Nacht in Schieflage geraten. Die Federal Reserve Bank of New York, der Zweig der US-Notenbank, der für die Überwachung der Finanzmärkte zuständig ist, hatte in allerletzter Minute eine Rettung durch die Großbank JP Morgan Chase arrangiert. JP Morgan zahlte mit zehn Dollar pro Aktie einen Spottpreis für den »Bären«, wie Bear Stearns liebevoll genannt wurde. Bis heute bezeichnen viele an der Street die Übernahme als ein »Verbrechen«. Bear galt ein wenig als das »Schmuddelkind« unter den Wall-Street-Häusern. Der legendäre langjährige Bear-Chef Alan Greenberg, genannt »Ace«, das Ass, heuerte nur Leute an, die er PSD nannte (»poor, smart and with a deep desire to become rich«), arm, clever und beseelt von dem Wunsch, reich zu werden.

Anders als Unternehmen, die meist eine längere Leidenszeit hinter sich haben, bevor endgültig die Lichter ausgehen, sterben Banken über Nacht, so heißt es an der Wall Street. Denn eine Bank kann nur funktionieren, wenn genug Vertrauen in ihre Solvenz vorhanden ist. Ist das Vertrauen geschwunden, verliert die Bank den Zugang zum Kapital, und dadurch wird die Insolvenz zu einer sich selbst erfüllenden Prophezeihung.

Bis zu diesem Herbsttag hielten die meisten den Absturz von Bear Stearns für einen Ausreißer. Zusammenbrüche von Brokerhäusern nach Fehlspekulationen gab es schließlich immer wieder. Viele wiesen Jimmy Cayne, dem CEO von Bear Stearns, die Schuld zu. Cayne war ein außerordentlich passionierter Bridgespieler, und zu der Zeit als Bear um das Vertrauen der anderen Marktteilnehmer kämpfte, befand sich Cayne auf einem Bridgeturnier in Detroit. Angeblich erfuhr er erst spät von der Schieflage seiner Bank. Und als er schließlich beschloss, nach New York zurückzukehren, tauchte ein Problem auf: Es gab keinen Privatjet, der ihn hätte befördern können. So verbrachte Cayne die letzten Stunden, die seiner Bank noch als unabhängiges Institut beschieden waren, am Flughafen. Auf die Idee, mit einem Linienflieger nach New York zu jetten, kam er offenbar nicht.[19] Cayne behauptet nach wie vor, er sei stets erreichbar gewesen.

Das war im März 2008. Seither gab es Spekulationen über die wackeligen Hypotheken, über die Wertpapiere, die auf ihnen und den Kreditderivaten basierten, die doch alles hätten sicherer machen sollen. In den Wochen vor dem besagten schönen Herbstsonntag verdichteten sich die Gerüchte um Lehman Brothers. Und so gehörte es inzwischen zu unserer Journalistenroutine, auch am Wochenende die Ticker und die einschlägigen Informationsseiten abzurufen. Da erfuhren wir, dass die Krise bei

Lehman offenbar auf einen Höhepunkt zusteuerte. Und Merrill Lynch, stolze Heimat der legendären »donnernden Herde« von Brokern, sollte angeblich kurz vor dem Zwangsverkauf stehen: Ein Treffen von Bankern und Verantwortlichen sei bei der New York Fed einberufen worden! Unsere Entscheidung fiel im Nu: Wir luden hastig alle Freunde aus, steckten unseren Sohn in den Kinderwagen, nahmen unsere Presseausweise und machten uns auf den Weg nach Manhattan zur New York Fed.

Die New Yorker Zweigstelle der US-Notenbank erinnert von außen an eine mittelalterliche Festung: Türmchen, dicke Mauern, schwere schmiedeeiserne Gitter vor den Fenstern. Eine Handvoll Kollegen der amerikanischen Presse wartet bereits vor der Einfahrt in die Tiefgarage. Viel ist nicht los. Wir rollen mit dem Kleinen zu den Kollegen. Gibt es schon etwas Konkretes? Nein, noch nicht. Seit Freitagabend wird nun versucht, das Aus von Lehman Brothers doch noch abzuwenden. Richard, genannt »Dick«, Fuld, der damalige Chef der Investmentbank, soll sich seit Freitag in seinem Büro im 31. Stock verbarrikadiert haben, um noch irgendwo einen Käufer für sein Brokerhaus aufzutreiben. Die britische Bank Barclays gilt als letzte Hoffnung. Das Treffen bei der Fed gilt als der letzte Versuch.

Gepanzerte Limousinen mit verdunkelten Scheiben seien vor einer Weile in der Fed-Garage verschwunden, berichtet der AP-Kollege. In der New Yorker Notenbank befindet sich die geballte Finanzprominenz: Lloyd Blankfein, der CEO von Goldman Sachs und Jamie Dimon von JP Morgan sind da, außerdem Vikram Pandit von Citigroup und John Mack von Morgan Stanley. Da ist John Thain, der frühere Chef der New York Stock Exchange, aber nun Chef von Merrill Lynch, dem zweiten Wackelkandidaten nach Lehman. Auch Lehmans Chief Operating Officer Bart McDade ist vor Ort – Dick Fuld selbst ist auf Wunsch der Fed nicht eingeladen worden. Aus Washington ist Henry »Hank« Paulson angereist, der Finanzminister der USA (der bis 2006 CEO von Goldman Sachs war), und der Chef der New Yorker Notenbank Timothy Geithner, der nur wenige Monate später, im Januar 2009, von Barack Obama zum neuen Finanzminister benannt werden sollte. Die Agenda: Eine private Lösung für Lehman finden – die Regierung will nach Bear Stearns in diesem Jahr nicht noch eine Bank mit Fed-Mitteln retten.

Von außen ist nicht viel zu sehen. Als Lieferwagen eines Catering-Service vorfahren, schütteln wir Journalisten die Köpfe. Suppe und Sandwiches werden hineintransportiert. Das kann also dauern da drin! Wir versuchen, von den Catering-Lieferanten zu erfahren, wie viele Leute sie gesehen und ob sie jemanden erkannt haben. Jede noch so kleine Information geben die Kollegen von den Nachrichtenagenturen sofort an ihre Zentralen weiter. Wir schieben den Kinderwagen auf und ab, es wird Nachmittag, früher Abend. So richtig vorstellen können wir uns immer noch nicht, dass Lehman Brothers fallen gelassen wird. Das können die doch nicht machen, sagt ein Finanzreporter.

Wir wissen ja, was Credit Default Swaps sind. Auch dass sich da eine gigantische Blase aufgebaut hat, ist uns durchaus bewusst. Wir hatten schon 2006 Artikel darüber geschrieben, dass die Geschäfte mit Hypothekenpapieren brandgefährlich sind. Im Sommer 2007 waren die ersten Hypothekenfonds bei Bear Stearns hochgegangen. Im März 2008 musste dann Bear Stearns von JP Morgan mithilfe der Fed »gerettet« werden. Aber das ganze Ausmaß der Krise, das an diesem Tag sichtbar wird, übersteigt unser Vorstellungsvermögen.

Dann fahren plötzlich Taxis vor, eines nach dem anderen. Ihnen entsteigen leger gekleidete Männer in Pullovern und Loafern, manche sind nicht einmal rasiert. Offenbar hat man sie eilends von ihren Wochenendbeschäftigungen herbeordert. Meist begleiten sie jüngere Assistenten oder Assistentinnen, die sich mit einem Aktenkoffer abmühen. »Die Anwälte, sie haben die Anwälte geholt!«, rufen die Kollegen von den Agenturen und melden sich sofort bei ihren Zentralen. Wenn die Anwälte gerufen werden, heißt das, dass die Verhandlungen so weit gediehen sind, dass Verträge aufgesetzt und unterschrieben werden können. Uns wird klar: Die Entscheidung ist gefallen. Kurze Zeit später erfolgt dann die offizielle Mitteilung: Merrill Lynch wird an die Bank of America verkauft. Lehman Brothers hat es nicht geschafft. Auch Barclays hat das Angebot zurückgezogen. Die über 150-jährige Institution rutscht damit in die Insolvenz – die größte Pleite der US-amerikanischen Geschichte. Einen Tag später bricht an den globalen Finanzmärkten ein Sturm los, der die Wall Street und das Finanzsystem verwüstet und beinahe die Weltwirtschaft in den Ruin treibt.

Der »perfekte Sturm«

Heute machen die Banker gerne Präsident Bill Clinton für dieses Desaster verantwortlich. Als der Demokrat im Amt war, erfüllte er einen lang ersehnten Wunsch seiner Partei: Mit gezielter Förderung – insbesondere über die öffentlich-rechtlichen Hypothekenriesen Fannie Mae und Freddie Mac – sollte es auch für Minderheiten und Familien mit wenig Einkommen möglich sein, ein eigenes Heim zu erwerben. Ein Haus mit Garage und Vorgärtchen gehört für viele bis heute zum American Dream. Clintons Initiative habe dazu geführt, so die Theorie der Banker und vieler Konservativer weiter, dass massenhaft Kredite an Schuldner vergeben wurden, die nicht in der Lage waren, sie zurückzuzahlen. Richtig ist, dass Clinton Hauseigentum förderte – wie viele Präsidenten vor ihm und George W. Bush nach ihm. Es stellt sich jedoch die Frage: Warum vergaben die Banken diese Kredite an wacklige Kandidaten? Gezwungen hat sie schließlich niemand.

Gerne wird auch Alan Greenspan die Schuld zugeschoben. Achtzehn Jahre lang war er Fed-Chef, nur Alfred Hayes hatte das Amt länger inne. Lange galt der US-Notenbankchef als unfehlbar, als einer, der jeden einzelnen Bolzen kannte, den General Motors für den Chevrolet brauchte, und wüsste, was es für die US-Wirtschaft bedeuten würde, wenn man drei davon wegließe. Greenspan genoss die Selbstinszenierung als Orakel. Ich erinnere mich noch an die aufgeregten Berichte, wenn Greenspan mal wieder die Stufen zum Fed-Gebäude in Washington hinaufstieg. Dabei spekulierten die Kommentatoren darüber, was die Dicke seiner Aktenmappe für die Märkte wohl bedeuten würde. Als die Wirtschaft nach dem Platzen der Internetblase in eine Rezession zu sinken drohte, hielt Greenspan mit einer Politik niedriger Zinsen und billigen Geldes dagegen. Das Geld floss in den Immobilienmarkt – um dort die nächste Blase aufzupumpen.

Der US-Immobilienmarkt hatte bis dahin als »Betongold« gegolten. Klar, es hatte Preiseinbrüche und Krisen in lokalen Märkten gegeben, aber noch nie einen Preiseinbruch auf breiter Front, auf US-Ebene. Und so glaubten Hausbesitzer, Makler, Hypothekenanbieter, Banker, Ratingagenturen und Investoren, dass es nie dazu kommen würde. In den Computermodellen, mit deren Hilfe Analysten bei den Finanzinstituten und Ratingagenturen versuchten, Risiken für die Hypotheken zu simulieren, kam ein nationaler Einbruch schlicht nicht vor. Und für die Banken schienen die Risiken auch nicht mehr so brisant. Schließlich meinten sie, einen Weg gefunden zu haben, mit dem sie das

Kreditrisiko einfach weiterreichen konnten – wie eine heiße Kartoffel.

Es fing schon damit an, dass bei Banken das klassische Bankgeschäft schon lange nicht mehr die Hauptrolle spielte. Das klassische Modell war: Sparer geben der Bank ihre Ersparnisse als Einlage und erhalten im Gegenzug Zinsen. Dafür reicht die Bank das hinterlegte Geld wiederum an einen Hauskäufer (oder an ein Unternehmen) in der Form eines Kredits weiter. Die Bank finanziert sich aus der Differenz zwischen den Zinsen, die der Sparer erhält, und den Zinsen, die der Schuldner zahlt. Der Nachteil: Die Bank muss einen Teil der Spareinlagen als Sicherheit zurückbehalten, falls der Schuldner nicht zahlen kann. Das ist teuer – wenn Geld als Sicherheit festliegt, dann kann es anderswo keine Rendite erwirtschaften. Eine Situation, die Finanzleute nur ungern akzeptieren. Und es hat den Nachteil, dass die Bank das Risiko auf sich nehmen muss, dass der Kredit platzt, bis er getilgt wird – unter Umständen bis zu dreißig Jahren.

Stattdessen bot sich die Verbriefung an. Dabei bündelt der Herausgeber – also etwa eine Bank – Kredite oder Forderungen nach Bonität und Laufzeit in einem Pool. Dieser Pool wiederum dient als Sicherheit für Wertpapiere, die er dann an Anleger verkauft. Deren Rendite speist sich aus den Zinsen, die die Schuldner zahlen – abzüglich der Gebühren für die Institute, die die Transaktion arrangiert haben.

Über diesen Forderungsverkauf – in den Glanzzeiten als Jahrhundertinnovation gefeiert – konnten plötzlich Nicht-Banken als Kreditgeber auftreten. Zu diesen zählten unter anderem Geldmarktfonds, aber auch Hedgefonds und die Finanzzweige großer Unternehmen, zum Beispiel GE Capital. Pensionskassen und Investmentfonds kauften die Hypothekenbündel als Anlage. Selbst private Anleger hielten verbriefte Hypotheken. Der

Dreh dabei: Mithilfe neuartiger Computermodelle versprachen die Banken, die Kreditpools so zusammenzustellen, dass das Ausfallrisiko mindestens so gering sein sollte wie bei Staatsanleihen – aber bei einer höheren Rendite. Sie dachten tatsächlich, dadurch das Risiko schlechter Kredite wegstrukturieren zu können.

Zu den eifrigen Nutzern gehörten auch die Banken selbst. Denn dieser Mechanismus eröffnete ihnen die Möglichkeit, Geld auszureichen, ohne wie bei einem normalen Bankkredit von der Aufsicht gezwungen zu sein, Eigenkapital als Sicherheit zurückzulegen. Und die Banken konnten die Hypothekenpapiere als Sicherheit einsetzen, um sich selbst Kredite zu verschaffen – mit denen sie dann noch mehr Hypothekenpapiere kreierten, mit denen sie wiederum noch mehr Sicherheiten für noch mehr Kredite zur Verfügung hatten. Und mit den weiteren Krediten hatten sie noch mehr Mittel für noch mehr Hypotheken und Hypothekenpapiere und mit diesen noch mehr Sicherheiten und noch mehr Kredite und so weiter und so fort. Es schien eine wahre Gelddruckmaschine! Das machte die Verbriefung enorm attraktiv. Kein Wunder, dass der Markt in den Jahren vor der großen Krise zweistellig wuchs. Die Wall-Street-Häuser arrangierten die Hypothekenpapiere wie Ford den Focus am Fließband.

»Sell it to Düsseldorf!«

Weil das Ausfallrisiko der Kredite nicht mehr länger bei der Bank lag, sondern auf die Investoren übertragen wurde – etwa Landesbanken in Deutschland – vergaben die Institute die Hypotheken großzügig. Wenn es gilt, für nicht besonders werthaltige Wertpapiere willige Abnehmer zu finden, dann heißt es boshaft an der

Wall Street: »Sell it to Düsseldorf!« – »Verkauf's nach Düsseldorf!« Bei den Hypothekenpapieren wurde davon rege Gebrauch gemacht, wie sich später herausstellen sollte – zum Leidwesen des deutschen Steuerzahlers.

Die Probleme fingen oft schon ganz vorne in der Kette an. Als »Liar Loans«, Lügendarlehen, wurden viele dieser damals ausgereichten Hypotheken bezeichnet. Sie kamen zustande, weil Hauskäufer – oft angetrieben durch provisionshungrige Immobilienmakler – falsche oder zumindest nicht zutreffende Angaben auf dem Kreditantrag machten. Entweder redete der Hauskäufer seine eigene finanzielle Situation schön. Oder der Hypothekenvermittler malte die Zukunft allzu rosig, indem er prognostizierte, dass bestimmt bald eine Gehaltserhöhung oder Beförderung zu erwarten seien. Und was war mit der Rente der Oma? Die konnte man ja doch auf das Haushaltseinkommen aufschlagen. So wurden Familien Immobilien aufgeschwatzt oder schmackhaft gemacht, die sie sich gar nicht leisten konnten. Die Vergabe der Hypothek beruhte also häufig auf einer Lüge oder zumindest einem sehr optimistischen Szenario. Derart dreist ging die Branche vor, dass der stellvertretende FBI-Chef Chris Swecker im Oktober 2004 warnte, Hypothekenbetrug sei eine drohende Gefahr, die möglicherweise eine Finanzkrise auslösen könne und mehr Ermittler erfordere. Keiner der Verantwortlichen in Washington achtete auf die Warnung.

Eine Verbriefung ist an sich weder schlecht noch verwerflich, denn sie dient auch der Risikoverteilung für Investoren. Selbst heute würde sich der Immobilienmarkt ohne diese Kreditgeschäfte kaum finanzieren lassen. Problematisch wurden in erster Linie die Bestückung der Immobilienpapiere und die Bewertung. Die Hypothekenpapiere brauchten ein Gütesiegel, damit die

Großinvestoren sie kaufen konnten. Pensionskassen und Investmentfonds haben genauso wie Anleihen festgelegte Standards. So gut wie jedes Kredit-Finanzprodukt braucht eine Bewertung der großen Ratingagenturen, wenn es an Großinvestoren oder Banken verkauft werden soll. Standard & Poor's, Fitch und Moody's, die »Big Three«, prüfen aufmerksam die Unternehmen, Länder oder eben spezielle Anlagen. Dann wird entschieden, ob eine Topbewertung, ein AAA-Rating, erteilt wird. Oder eventuell doch nur ein AA- oder ein BBB. Viele Fonds und Pensionskassen dürfen nur in AAA-Papiere investieren.

Und dabei kam es nach Ansicht vieler Experten zu einem gewaltigen Interessenkonflikt. Die Ratingagenturen fingen an, eng mit den Wall-Street-Häusern zusammenzuarbeiten. Man muss sich das etwa so vorstellen: Eine Bank will Hypothekenpapiere auf dem Markt platzieren. Dazu wird ein Hypothekenpaket mit ein paar erstklassigen Kreditnehmern, ein paar Kunden mit weniger guter Zahlungsmoral und eventuell auch ein paar Hausbesitzern geschnürt, die zwar theoretisch und auf dem Papier hohe Zinsen zahlen – in Wirklichkeit jedoch ein hohes Ausfallrisiko darstellen. Die Ratingagentur kommt dann zu dem Schluss, dass es für dieses Hypothekenpaket nur ein AA- geben kann. Das würde den Wert des Papiers mindern, denn es ließe sich nicht so gut an Investoren verkaufen. Also korrigieren die Banker noch ein wenig, nehmen ein paar schlechte Hypoheken raus und ersetzen sie durch bessere.

So haben Banken und Agenturen nach Ansicht der Kritiker oft so lange herumgetüftelt, bis es ein AAA-Rating gab: gut für die Bank, die die Papiere an die Investoren losschlagen konnte, gut für die Ratingagentur, die für die Bewertung kassieren konnte. Wer allerdings bei den Kreditnoten zu streng vorging, würde möglicherweise die Bank als Kunden verlieren.

Sie tranken ihr eigenes Kool-Aid

Im Laufe des Jahres 2007 mehrten sich die Meldungen von geplatzten Krediten. Warum haben viele Banken trotz der Vorboten zu spät reagiert? Die Antwort ist leicht nachvollziehbar. Die globale Finanzindustrie hatte so gut verdient wie kaum zuvor in der Geschichte. Niemand wollte die Gans schlachten, die goldene Eier legt. Charles Prince, der damalige CEO der Citigroup, sagte dazu im Juli 2007: »Solange die Musik spielt, so lange musst du aufstehen und tanzen. Wir tanzen immer noch.« Wer dennoch warnend den Zeigefinger hob, wurde degradiert. Das gesamte Gebilde basierte vor allem auf der Annahme, dass der amerikanische Immobilienmarkt schockresistent sei, immer weiter wachsen werde und die Preise unaufhaltsam steigen würden. Doch dann crashte der Häusermarkt in den USA. Hunderttausende Familien hatten sich mit ihrem Traum vom Eigenheim finanziell übernommen. Die Nachfrage ließ nach, die Preise fielen. Immer mehr Hausbesitzer gerieten »unter Wasser«. Das bedeutet, die ausstehende Hypothek liegt deutlich über dem sinkenden Marktwert der Immobilie. Für die meisten ergab es keinen Sinn mehr, das Haus zu halten und die Hypotheken zu zahlen.

Bei den Banken machte bald eine neue Redewendung – in Anlehnung an das Weihnachtslied »Jingle Bells« – die Runde: »O nein, schon wieder eine ›jingle mail‹!« Bei den Briefen an die Banker ging es aber nicht um klingelnde Glöckchen. Verzweifelte Hausbesitzer verließen ihr Grundstück und schickten der Bank per Post die Schlüssel zurück. Und der Banker wusste schon beim Schütteln des Briefumschlags, dass wieder mal ein Kunde das Weite gesucht hatte. Manche warfen die Schlüssel auch einfach ins nächste Gebüsch. In Städten wie Cleveland oder Detroit wurden so ganze Straßenzüge geräumt. Geisterstädte entstanden in Florida. In Washington wurden zeitweise sogar Pläne ausgeheckt, diese verwaisten Gebiete, etwa in Detroit oder Chicago, dem Erdboden gleichzumachen und darauf Ackerbau zu betreiben.

»They drank their own Kool-Aid«, wie die Wall Street den Bankern attestierte. Der Spruch machte 2008 oft die Runde. Kool-Aid ist ein Erfrischungsgetränk zum Selbstanrühren. Es wurde durch den tragischen Massentod von Sektenanhängern im November 1978 zum geflügelten Wort in den USA. Die Gruppe trank dieses Getränk, das die Sektenführer jedoch mit tödlichem Zyanid vermischt hatten. Übertragen auf die Finanzindustrie bedeutet es, dass die Banken die toxischen Papiere nicht nur am Markt weitergaben, sondern auch anfingen, die eigenen Papiere zu kaufen: Sie schluckten ihr eigenes Gift. Und als die Papiere massiv an Wert verloren, überstiegen die Verluste – wenn auch weitgehend in den Büchern der Banken – plötzlich die Einlagen der Banken oder führten zu massiven Liquiditätsengpässen.

Kurz nach der Pleite von Lehman versuchte Finanzminister Henry »Hank« Paulson über Fernsehen der Nation zu erklären, was sich an der Wall Street abspielte. Die Liveübertragung sah aus wie eine jener Szenen in einem Science-Fiction-Streifen Hollywoods, in welcher der Präsident die überraschte Bevölkerung vor der Invasion der Außerirdischen warnt. Der Finanzminister wirkte fasziniert und verblüfft, was sich durch »Financial Engineering« alles machen ließ. Er redete von »Mortgage Backed Securities« und »Credit Default Swaps«, von synthetischen CDOs. Und von CDO hoch zwei und CDO hoch drei. In seiner Rede verstieg sich Paulson dermaßen, dass er irgendwann selbst den Durchblick verloren zu haben schien. Was waren das für Produkte? Welche Risiken stellten sie dar? Und wie viel von dem hatten die Verantwortlichen in den oberen Etagen der Wall-Street-Häuser überhaupt verstanden? Hatten sie sich je gefragt, woher diese Rekordgewinne, so hoch wie nie in der Finanzgeschichte, eigentlich kamen? Selbst der ehemalige Goldman-Sachs-CEO geriet da ins Stottern.

Die Turbulenzen am Immobilienmarkt werden gerne als die Hauptursache der Finanzkrise genannt. Doch die Probleme lagen viel tiefer. Das Risiko der Kreditderivate wurde schon seit Jahren weitergereicht. Über Hebel wurde der potenzielle Profit gesteigert, doch damit erhöhte sich auch das Risiko. Der Kniff bei Derivaten ist, dass es – anders als etwa bei Aktien – keine begrenzte Anzahl gibt. Sie sind nicht an einen grundlegenden Firmenwert gekoppelt und beschränken sich nicht auf die Zahl der Unternehmensanteile, die eine Firma ausgibt. Es handelt sich schlicht um Wetten, ob ein Unternehmen, ein Fonds, ein Investmentpaket oder ein Immobilienportfolio kollabiert oder nicht. Und solange sich zwei Parteien für diese Wette finden, werden neue Derivate ausgegeben. Schließlich war die Finanzkrise vor allem eine gigantische Liquiditätskrise. Die unter Druck geratenen Finanzinsitute bekamen am Markt kein Geld mehr und konnten ihren kurzfristigen Zahlungsverpflichtungen nicht mehr nachkommen. Doch warum wurden Investmentbanken wie Bear Stearns oder der Versicherungskonzern AIG gerettet? Und warum wurde Lehman Brothers fallen gelassen, was letztlich eine gigantische Vertrauenskrise weltweit auslöste und den Geldmarkt zum Stillstand brachte? Auch hier geht es um emotionale Entscheidungen. Es geht um Alphatiere, die zu lange nicht bereit waren, rationale Entscheidungen zu treffen, weil es ihr Ego nicht zuließ.

»Der Gorilla« – Richard »Dick« Fuld

»Wer diese Gerüchte in die Welt setzt, dem greife ich durch die Kehle und reiße ihm das Herz heraus.« Das soll Richard Fuld Ende der 90er-Jahre John Thain, damals noch bei Goldman Sachs, gedroht haben. Fuld soll den damaligen Goldman-Sachs-Topmanager derart verbal attackiert haben, weil er vermutete, er sei der Urheber von Gerüchten, die Lehman Brothers Finanzkraft anzweifelten. Keiner der Beteiligten hat die Episode je bestätigt, doch sie wurde an der Wall Street gerne herumerzählt. Es sind viele Anekdoten über Fuld in Umlauf, wobei es schwerfällt zu sagen, was Wahrheit und was Legende ist. Wahr ist, dass Richard Fuld für die Welt zum verhassten Gesicht der Finanzkrise geworden ist. Fuld war seit 1994 CEO der Investmentbank Lehman Brothers – und damit länger im Amt als jeder Wall-Street-CEO vor ihm. Viele Turbulenzen hat er überstanden. Als die Wall Street 1998 von der Long-Term-Capital-Management-Krise erfasst wurde, stand Lehman schon einmal kurz vor dem Aus. Long-Term Capital Management war ein Hedgefonds, den mehrere Nobelpreisträger gegründet hatten. Sie wollten ihre Theorien über Derivate in der Praxis anwenden. Bei ihren Megawetten verschätzten sie sich allerdings – und drohten bei ihrem Kollaps die Banken mitzureißen, die ihnen allzu großzügig das Geld für ihre Wetten geliehen hatten. Die Finanzkrise 2008 war sozusagen ein »Déjà vu all over again« wie der Baseballspieler und Amateurphilosoph Yogi Berra, einer meiner Lieblingssportler, sagen würde.

Notenbankchef Greenspan organisierte damals eine Nacht-und-Nebel-Aktion und brachte die Finanzindustrie dazu, freiwillig Geld – bis zu 250 Millionen pro Bank – zu spenden, um einen Kollaps des Bankensystems zu verhindern. Der Pakt kam zähneknirschend zustande. Zu dieser Zeit kamen Fuld die Gerüchte zu Ohren, dass Lehman nicht überleben würde. (Er könnte sie dadurch selbst geschürt haben, dass er in zu der Long-Term-Capital-Management-Rettungsaktion (LTCM) nur 100 Millionen beisteuerte, da Lehman sich momentan nicht mehr leisten könne.) Er soll John Thain, der vermeintlich diese Gerüchte gestreut hatte, ernsthaft ins Gewissen geredet haben. Lehman Brothers überlebte weitere zehn Jahre. Doch dann kam die Katastrophe, die nicht nur die Investmentbank wegspülte, sondern auch den Rest der Welt in Mitleidenschaft zog.

Fulds Ehrgeiz hatte einen enormen Anteil daran. »Wer für Lehman arbeitet, der sollte am besten grünes Blut in den Adern haben«, war einer seiner Sprüche. Damit spielte er auf die Firmenfarben an. Auch auf dem »Parkett« der New Yorker Börse trugen die »Lehmänner« Grün. Fuld ging ganz in Lehman Brothers auf: Er war knallhart zu denjenigen, die seinen Kurs infrage stellten, und loyal zu seinen Gefolgsleuten. 1969 fing Fuld bei Lehman als Trader an. Sein beruflicher Ziehvater war Lew Glucksman. 1983 soll Glucksman, einer der erfolgreichsten Händler, einfach in das Büro des damaligen Lehman-Chefs Pete Peterson gegangen sein, um ihm eiskalt mitzuteilen, dass er ihn jetzt ablösen werde. Peterson, ein Investmentbanker vom alten Schlag, wusste, was die Stunde geschlagen hatte, und ging ohne Gegenwehr. Die Zeit der Trader war gekommen. Peterson ist heute Milliardär, er gründete mit Stephen Schwarzman die Beteiligungsgesellschaft Blackstone.

Glucksman war als CEO allerdings nicht besonders erfolgreich. Bereits ein Jahr später, 1984, musste Lehman Brothers ausgerechnet an die Kreditkartengesellschaft American Express notverkauft werden. Das war so, wie wenn ein Formel-1-Rennstall von einer Auspuff-Schnellreparaturkette übernommen würde.

Eine ungeheure Demütigung für die »Firm«. Und so war es ein Triumph, als 1994 die Investmentbank wieder selbstständig wurde. Da hatte Richard Fuld die Führung. Und er war entschlossen, sie als selbstständig zu erhalten. Diese Haltung würde sich bitter rächen.

Um sich die Loyalität und die Leistung zu sichern, wurden Lehman-Brothers-Mitarbeiter zum Großteil mit eigenen Aktien bezahlt. Die Aktien durften innerhalb der ersten fünf Jahre nicht verkauft werden. Diese Strategie ging so lange auf, wie es mit dem Aktienkurs nach oben ging. Das gelang auch über viele Jahre. Vierzehn Jahre lang schaffte die Aktie ein durchschnittliches Wachstum von 25 Prozent. Um diese Performance zu halten, ging Lehman Brothers entsprechend hohe Risiken ein. Das Brokerhaus setzte voll auf den Immobilien-Hype und die entsprechenden Hypothekenpapiere. Zudem setzte es stark auf den Leverage-Effekt, also auf den Hebeleffekt, das heißt, es wurde mit Kreditlinien gearbeitet. Der Ertrag war im Erfolgsfall deutlich höher. Das galt allerdings auch für die Risiken. In den Topzeiten hat sich Lehman Brothers für jeden eigenen Dollar, der investiert wurde, weitere 32 Dollar hinzugeliehen.

Den Spitznamen »Gorilla« erhielt Fuld schon sehr früh. Seine Stimme erinnert ein wenig an das Grunzen eines Gorillas, und sein bohrender Blick hat viele Kritiker verstummen lassen. Dass er bei einem Eishockeyspiel seines Sohnes auf den Vater eines gegnerischen Spielers losging, passt ins Bild. Fuld störte der Spitzname offenbar nicht. Er stellte sich einen lebensgroßen Stoffprimaten in sein Büro. So erfolgreich sich Fuld in vielen Krisen durchgesetzt hatte, es war wohl seine Sturheit, die die Pleite von Lehman Brothers letztlich mit verursachte. Auch sein Verhältnis zum damaligen Finanzminister »Hank« Paulson hat nach Meinung von Insidern dazu beigetragen, dass die Investmentbank von Washington fallen gelassen wurde – während Bears Stearns, Merrill Lynch oder die American International Group (AJG) gerettet wurden. Als sich die Finanzkrise im Herbst 2007 am Horizont abzeichnete und Banken wie Merrill Lynch oder die Citigroup milliardenschwere Abschreibungen vornehmen mussten und als Sündenböcke ihre CEOs entließen, lobte die *New York Times* Richard Fuld in einem großen Artikel noch als »The Survivor«, den Überlebenden.

Dieser unbeirrbare Glaube, jede Krise meistern zu können, versperrte Fuld die Sicht auf die Realität. Noch Monate nach der Pleite verstand er nicht, warum Lehman Brothers fallen gelassen worden war. Man erzählt gerne die Geschichte von einem informellen Essen von Paulson, damals Finanzminister und mit der Bewältigung der sich zuspitzenden Krise beauftragt, und Fuld im Sommer 2008. Der Lehman-Chef hatte nicht vergessen, dass Paulson vor Antritt seines politischen Amtes CEO von Goldman Sachs war – also der Erzrivale. Paulson soll Fuld Hilfe angeboten haben. Doch Fuld lehnte angeblich rüde ab. Er stehe schließlich seit fast vierzehn Jahren an der Spitze von Lehman, während Paulson lediglich fünf Jahre die Geschicke von Goldman Sachs gelenkt habe. Der »Gorilla« soll sogar angewidert von dem Angebot das Besteck auf den Tisch geschleudert haben. Ob sich das alles so zugetragen hat, lässt sich nicht mehr beweisen – keiner der Beteiligten hat sich je dazu öffentlich geäußert. Aber das erzählte man sich damals an der Wall Street. Und ein wenig Wahrheit steckt bekanntlich in fast jeder Geschichte.

So wie es aussieht, setzte eine Woche vor dem 15. September 2008 – dem Tag, an dem Lehman Brothers Insolvenz anmelden musste – die Großbank JP Morgan dem angeschlagenen Wall-Street-Haus die Pistole auf die Brust. JP Morgan forderte von Lehman Brothers zusätzliche Sicherheiten für Kreditlinien: 5 Milliarden Dollar bar auf den Tisch. JP Morgan hat uns ausgetrocknet, soll dazu Fuld gesagt haben. Im O-Ton: »They fucked us.«

Lehman Brothers musste einen milliardenschweren Quartalsverlust melden. Die Todesspirale hatte schon zu drehen begonnen. Es gab noch einen kleinen Hoffnungsschimmer. Am Freitag, dem 12. September 2008, wurde die Bank of America, die damals größte Bank der Vereinigten Staaten, als potenzieller Käufer, als Retter in der Not, gehandelt. Doch buchstäblich in der Nacht preschte ausgerechnet Fulds alter Gegner John Thain dazwischen und verkaufte stattdessen Merrill Lynch an die Bank of America. Das war wiederum eine riesige Genugtuung für Kenneth Lewis, den CEO der Bank of America. Dessen Bank hatte den Firmensitz in Charlotte, im Bundesstaat North Carolina, der an der Wall Street als »fly-over-state« belächelt wird. Über North Carolina pflegen die Wall-Street-Bosse mit ihrem Privatjet hinwegzufliegen, wenn sie sich auf den Weg zum Golfwochenende in Florida machen. Als sich Lewis die Chance bot, einen der schillerndsten Wall-Street-Namen, das Haus mit dem schnaubenden Stier, zu übernehmen, schlug er zu. Merrill Lynch war gerettet, wenn auch zur Filiale North Carolinas degradiert. Thain war erleichtert, Lewis triumphierte. Fuld und Lehman Brothers standen allein da.

Auch die britische Großbank Barclays zog am Sonntagvormittag, dem 14. September, eine potenzielle Kaufofferte zurück. Das Unvorstellbare war geschehen, der »Survivor« war gestürzt. Am Montag, dem 15. September 2008, traten Vertreter von Lehman Brothers den schweren Gang zu Bowling Green 1 an, nur wenige Schritte von der Wall Street entfernt. Dort sitzt das Konkursgericht, bei dem auch schon Enron verhandelt wurde. Es war vorbei. In einer Kongressanhörung wenige Wochen später sagte Fuld: »Bis zu dem Tag, an dem ich begraben werde, werde ich mich fragen, warum wir nicht gerettet wurden.«[20]

orell füssli
Politik
Wirtschaft
Gesellschaft
Lebenshilfe
Unterhaltung
BÜCHER

Wenn Frauen lieber Gucci als Verantwortung tragen

»Wenn ich sehe, wen einige Frauen heutzutage heiraten, dann weiß ich, wie sehr sie es hassen müssen, ihren Lebensunterhalt selbst zu verdienen.« Gabi Decker

€ [D] 14,95 | € [A] 15,40 | CHF 19.90

978-3-280-05515-3

Zeit der Wirrnis

Es folgte eine Zeit der Wirrnis, gewaltiger Kurseinbrüche, weiterer drohender Pleiten, milliarden-, wenn nicht billionenschwerer Rettungsaktionen und die größte Rezession seit den 30er-Jahren. Die gesamte Welt wurde erfasst. Im Rückblick wirken die ersten Einschätzungen fast arglos: Ja, es werde wohl erst mal volatil bleiben und noch ein bisschen schlimmer werden, bevor es wieder bergauf geht, unkten Ökonomen und Analysten. Diese Prognosen waren nicht grundlegend verkehrt, wenn auch hochgradig untertrieben. Und damit ist nicht der Kursrutsch am 15. September gemeint, als der Dow-Jones-Index über 500 Punkte einbrach. Die eigentliche Krise trat erst noch ein.

Die eigentliche Katastrophe drohte, als am 16. September, einen Tag nach der Lehman-Pleite, eine Meldung über die Ticker jagte: »Money Market Funds are breaking the buck.« Anteile von Geldmarktfonds – jene Investmentfonds, die so sicher wie Cash zu sein versprachen – fielen unter einen Dollar. Das war eigentlich gar nicht möglich, denn die Fonds sollten ja den gleichen Wert wie Bargeld haben. Die Fonds hatten jedoch ihr Geld in Schuldverschreibungen von Lehman Brothers gesteckt – und die waren über Nacht nun beinahe wertlos. Wenn nun Anleger massenhaft ihr Geld abziehen würden, drohte die 3,5 Billionen Dollar schwere Geldmarktfonds-Industrie zu kippen. Den meisten Zeitungen war das damals nur eine Meldung wert. Finanzmarktinsider waren jedoch geschockt: Das war das Worst-Case-Szenario! Die Kreditmärkte froren ein. Das Misstrauen war so groß geworden, dass niemand mehr Geld verleihen wollte – nicht mal mehr an Geldmarktfonds. Banken trauten sich untereinander nicht mehr. Sie trauten den Kunden nicht mehr – weder Privatpersonen noch Unternehmen.

Das war der Moment, in dem der Zusammenbruch der gesamten Wirtschaft drohte. Es handelte sich nicht um irgendwelche Banken, Investoren oder Hausbesitzer, die sich verspekuliert hatten. Es ging um kleine Geschäfte, Krankenhäuser, Schulen, um die Polizei, die Feuerwehr, um Renten, um die Stromrechnung, um alles. Selbst General Electric, Amerikas größter Industriekonzern, wurde klamm. GE-CEO Jeffrey Immelt sah sich gezwungen, die Fed um Hilfe zu ersuchen. Ohne kurzfristige Kredite, ohne die Möglichkeit, sich kurzfristig Geld zu leihen, kommt unser Wirtschaftssystem zum Erliegen.

Ben Bernanke, der Chef der US-Notenbank, rettete die Lage – er erklärte, die Fed würde die Geldmarktfonds garantieren. Ohne Limit.

»Fed to the Rescue!« Die Stunde der Noten- und Zentralbanken hatte geschlagen. In einer historisch einmaligen Aktion fluteten die Zentralbanken, angeführt von der US-Notenbank, den Markt mit Geld. Mit sehr viel Geld. Es waren zig Billionen Dollar, die über Zinssenkungen, Rettungsaktionen, Anleihe- und Hypothekenkäufe in das System gepumpt wurden. Nach Schätzungen der Federal Reserve Bank of Dallas ging es um rund 14 Billionen Dollar.[21] Das überstieg das damalige Bruttoinlandsprodukt der USA. Da die Banken gelähmt waren, kam nur noch von der Fed frisches Geld.

Im Einsatz am Abgrund

Die Monate nach dem 15. September 2008 waren die intensivste Zeit, die ich an der Wall Street erlebt habe. Meine Kollegen und ich haben zwar nicht um unser Leben gefürchtet wie am 11. September 2001, aber in gewisser Hinsicht war die Zeit der Finanzkrise wesentlich konfuser. Wir versuchten zu begreifen, was um uns herum geschah. »Du hast damals so ruhig im Fernsehen gewirkt«, bekomme ich immer wieder von Zuschauern zu hören. Das sei beruhigend gewesen. Solange ich nach außen gelassen von den Turbulenzen am Finanzmarkt berichtete, konnte es ja nicht so bedrohlich sein. Das Gefühl war ähnlich wie nach dem Terroranschlag auf das World Trade Center: In beiden Situationen wusste niemand, was noch passieren würde. Würde es zu Engpässen bei Bargeld, bei Lebensmitteln, zum Staatsbankrott, zu Aufständen kommen? Wenn über hundert Jahre alte Institutionen über Nacht verschwinden können, dann scheint kaum etwas unmöglich.

Unsere Kunden riefen – dank sechsstündiger Zeitverschiebung – bis 2 Uhr in der Nacht an – das war 8 Uhr morgens in Zürich, Frankfurt und Berlin. Wir berichteten über die jüngsten Pleiten, die nächsten Rettungsaktionen, ordneten die Bedeutung ein, dass der Geldmarkt zufror. Wir versuchten zu erklären, was ein Credit Default Swap ist. Was es mit den Mortgage Backed Securities auf sich hatte.

Dann, am 29. September, kam die Finanzwelt erneut zum Stillstand. Die Abgeordneten im amerikanischen Repräsentantenhaus konnten sich nicht auf ein Hilfspaket für die Banken in Höhe von 700 Milliarden Dollar einigen. Der Dow-Jones-Index brach um 778 Punkte ein. Das war der nach Punkten bisher größte Kursrutsch in der Geschichte des Index. Finanzminister »Hank« Paulson soll so verzweifelt gewesen sein, dass er vor Nancy Pelosi, der Vertreterin der demokratischen Mehrheit im Repräsentantenhaus, sogar auf die Knie gefallen sei. (Er hat das nicht bestätigt, aber auch nicht dementiert.)

Plötzlich schien jeder zu merken, dass die Wall Street nicht nur Börseninteressierte, sondern wirklich jeden angeht. Meine

Schwester, die in Berlin als Architektin arbeitet, hatte sich nie sonderlich für Wirtschaft interessiert und den Wirtschaftsteil der Zeitung immer ungelesen entsorgt. Plötzlich blätterte sie ihn morgens als Erstes durch. Teilweise habe ich in diesen Wochen über fünfzehn TV-Schalten und fast ebenso viele Radiosendungen pro Tag gemacht. Bei meinen Kollegen sah es nicht viel anders aus. Die ersten Anrufe kam dann wieder ab 6 Uhr morgens. Viel geschlafen haben wir in diesen Tagen nicht. Aber wie alle haben wir versucht, ein wenig Licht in diese Wirrnis zu bringen. Und natürlich wussten wir nicht, wo und wie diese Spirale enden würde.

Ausgereizt

Kurz vor Weihnachten 2008 beruhigte sich die Stimmung. Die Maßnahmen der Regierung und Notenbank schienen zu greifen. Weltweit sah es so aus, als würde Ruhe einkehren. Doch der Schein trog. Im Januar kamen neue Spekulationen auf, dass möglicherweise die nächsten Großbanken vor dem Aus stünden. Citigroup und Bank of America wurden als heiße Pleitekandidaten gehandelt. Die Aktie der Citigroup, noch wenige Monate vorher die größte Bank der Vereinigten Staaten, fiel unter einen Dollar. In der Finanzindustrie ging die Angst vor dem Sturm auf die Banken wieder los, die Angst, dass Kunden über Nacht ihre Einlagen zurückverlangen würden. Würden die Sparer wie Ende der 1920er-Jahre bei der Weltwirtschaftskrise ihre Konten plündern? Und die Kunden bangten: Was passiert mit dem Geld, das auf den Konten liegt? Citigroup und Bank of America gehören zu den Banken, bei denen Normalverdiener und Sparer ihr Geld bunkern.

Um die aufgeheizte Stimmung abzukühlen, wurden Anfang Oktober vom US-Einlagensicherungsfonds Federal Deposit Insurance Corporation (FDIC) die Garantiesummen erhöht. Jedes Konto mit einem Guthaben von bis 250 000 Dollar bekam staatliche Garantien. Bei einer Zahlungsunfähigkeit der Banken wäre also der Staat eingesprungen – was anders formuliert bedeutete, dass die Steuerzahler für diesen Schaden hätten aufkommen müssen. (Gleichzeitig verkündeten Kanzlerin Angela Merkel und Finanzminister Peer Steinbrück in Deutschland, dass die Einlagen der »Sparerinnen und Sparer« sicher seien.)

Er habe die Hosen voll gehabt, gesteht ein Börsenhändler, der schon beim großen Börsenkrach im Oktober 1987 dabei war. Er hatte sich nie zuvor um irgendwelche abenteuerlichen Finanzkonstrukte gekümmert. Er kaufte und verkaufte Aktien. Das war sein Geschäft. Nein, er habe damals nicht gewusst, was um ihn herum passiert, erzählte er mir noch vor Kurzem. Aber er kann sich noch sehr gut erinnern, wann er von Panik erfasst wurde. Das war der Moment, als der Geldmarkt dichtmachte und niemand mehr mit irgendjemandem Geldgeschäfte machen wollte. Er habe geglaubt, das sei das Ende unseres Finanzsystems. Und er probte den »run on the bank«, den Bankensturm. Seinem Beispiel folgten Tausende. Nicht nur Aktien waren plötzlich nicht mehr sicher, sondern auch das Geld auf dem Sparbuch. Der Börsenhändler verteilte sein Vermögen auf seine Kinder und andere Familienangehörige. Er war kein Einzelfall.

Der Dow-Jones-Index erreichte am 9. März 2009 seinen Tiefpunkt. »Blue Chips« waren bei 6547 Punkten angekommen. Innerhalb eines Jahres hatte der Leitindex 44 Prozent an Wert verloren. Von seinem Rekordhoch am 9. Oktober 2007 war der Dow Jones noch weiter entfernt, damals hatte der Index bei 14 164 Zählern seinen höchsten Stand erreicht.

Exodus an der Wall Street

Bei den Banken ging das große Stühlerücken los. Zehntausende Mitarbeiter verloren ihren Job. Das galt auch für John Thain. Der ehemalige CEO der NYSE und später von Merrill Lynch scheiterte an einem anderen Alphatier der Wall Street. Bank-of-America-CEO Ken Lewis kam mit Thain nicht klar. Bereits im Herbst 2008 tauchten Berichte über Thains kostspieligen Geschmack auf. Rund 1,2 Millionen Dollar soll er für die Renovierung seines Büros bei Merrill Lynch ausgegeben haben. Allein die Rechnung für einen Teppich belief sich auf 87 000 Dollar und für einen Schirmständer in Hundeform auf 15 000 Dollar. Ken Lewis soll – Berichten zufolge – im Januar 2009 extra von der Zentrale der Bank of America in North Carolina nach New York geflogen sein, um Thain persönlich zu feuern. Fünfzehn Minuten soll das Gespräch gedauert haben, dann erklärte Thain seinen Rücktritt. Doch Lewis war keine lange Karriere mehr beschieden – noch im selben Jahr musste auch er gehen. Zum Verhängnis wurden ihm rund 16 Milliarden Dollar Verluste, die Merrill Lynch im vierten Quartal 2008 zu tragen hatte. Und die hatte Lewis in seinem Eifer, endlich auch eine große Nummer an der Wall Street zu sein, bei seinem Handschlag-Kauf mit Thain an dem denkwürdigen Septemberwochenende offenbar übersehen.

Wer zahlt die Zeche?

Es regt mich immer auf, wenn behauptet wird, die amerikanischen Banken hätten mit der Rückzahlung der Rettungspakete ihre Schuldigkeit getan. Teilweise wird sogar behauptet, dass der amerikanische Staat einen kleinen Profit bei manchen Beteiligungen erzielt habe. Das ist Augenwischerei. Um den drohenden Zusammenbruch des gesamten Finanzsektors zu verhindern, knüpfte Washington ein gigantisches Rettungsnetz. Am 3. Oktober 2008 unterzeichnete der damalige US-Präsident George W. Bush das Troubled Asset Relief Program (TARP), ein Programm, in dem die Regierung der Vereinigten Staaten Anteile an Finanzinstituten aufkaufte, um den Finanzsektor zu stabilisieren. Über dieses Programm kaufte der amerikanische Staat den bedrohten Banken Anteile und Aktien im Wert von 700 Milliarden Dollar ab. Um unter diesen Schutzmantel zu schlüpfen, mussten Investmentbanken wie Goldman Sachs und Morgan Stanley ihren Status als Investmenthäuser aufgeben und wurden, zumindest auf dem Papier, zu gewöhnlichen Geschäftsbanken. Der Versicherungskonzern AIG hatte zusätzlich bereits im September 85 Milliarden Dollar erhalten. Diese erste Stütze für AIG reichte nicht. Während der Finanzkrise spielten Finanzministerium und Notenbank dem Versicherungsriesen rund 180 Milliarden Dollar zu. Jahre später rühmte sich der AIG-CEO Robert »Bob« Benmosche damit, dass sein Unternehmen über 200 Milliarden Dollar zurückgezahlt habe. Das ist doch ein tolles Geschäft für Washington, sollte man denken. Auch Banken wie Citigroup, Goldman Sachs oder Bank of America beglichen in den Jahren nach dem stürmischen Herbst 2008 ihre Schulden und kauften ihre Anteile vom Staat zurück. Doch das ist eine Milchmädchenrechnung. Der Gesamtschaden liegt viel höher als die blanken Rettungspakete – tatsächlich zahlen wir immer noch.

Denn das billige Geld der Notenbanken heißt auch, dass die Zinsen für Kleinsparer, Pensionskassen und Lebensversicherer jahrelang extrem tief liegen. Gewinne privatisieren, und Schulden sozialisieren. Und auch sonst trägt die Allgemeinheit die Last. Die Finanzkrise löste die große Rezession in den USA aus.

Über acht Millionen Menschen verloren allein in den USA ihren Job, ihr Zuhause und ihr Erspartes. Um zumindest ein Konjunkturtief abzuwenden, schnürte der frisch gewählte US-Präsident Barack Obama ein Konjunkturpaket in Höhe von 789 Milliarden Dollar – Steuerzahlergeld. Bis Sommer 2009 brachte Obama 80 Milliarden Dollar auf, um die Autokonzerne General Motors, Chrysler und Ford zu retten.

Wesentlich gewaltiger waren jedoch die Aktionen der Notenbank. Ben Bernanke, der Nachfolger Alan Greenspans, hat sich sein Leben lang intensiv mit der Großen Depression beschäftigt. Nun durfte der Notenbankchef zeigen, wie er eine solche abwenden kann. In einem ersten Schritt wurden die Leitzinsen auf nahezu null Prozent gesenkt. Dort stehen die Zinsen noch heute, über fünf Jahre später. Dann wurde Bernanke kreativ. Er tat, was in diesem Umfang noch niemand vor ihm getan hatte. Am 25. November 2008 kündigte die Notenbank an, Hypothekenpapiere und Staatsanleihen für 600 Milliarden Dollar zu kaufen. Das war die Geburtsstunde des Quantitative Easing (QE). Mithilfe dieses Programms wurden bis Juni 2010 insgesamt rund 1,7 Billionen Dollar für Hypotheken- und Staatspapiere ausgegeben, um die Zinsen für Hypotheken zu drücken und den Immobilienmarkt wieder zum Leben zu erwecken. Im November 2010 zündete die Fed die nächste Stufe und startete QE 2. Über dieses Programm wurden weitere 600 Milliarden Dollar in den Markt gepumpt. Im September 2011 folgte dann Operation Twist. Für rund 400 Milliarden Dollar tauschte die Notenbank Staatspapiere mit kurzer gegen Staatspapiere mit langer Laufzeit um. Und im Herbst 2012 wurde QE 3 ins Leben gerufen. Zunächst unbefristet gab die Notenbank jeden Monat 85 Milliarden Dollar für den Kauf von Staatsanleihen und Hypothekenpapieren aus (Stand Sommer 2013). Wir reden hier also nicht von einigen

Hundert Milliarden Dollar, die aufgebracht wurden, sondern von mehreren Billionen Dollar. Zwar wird die Notenbank möglicherweise einen Teil des Geldes wieder einspielen, wenn diese Papiere verkauft werden. Aber wann das passiert und zu welchem Preis, ist völlig offen. Zudem ist das Inflationsrisiko durch diese Geldflut gestiegen. Und eine stärkere Inflation, also Verteuerung, würde letztlich auch wieder vor allem die Allgemeinheit zu spüren bekommen.

Es wundert einen nicht, dass das Image der Finanzindustrie gelitten hat und dass die Börsen als Ort des Übels angesehen werden. Und es überrascht nicht, dass Zocker weltweit verhasst sind.

Die Reue

Im Jahr 2008 kam die Wall Street ihrem Ende so nahe wie nie zuvor. Die teilweise über hundert Jahre alten Investmentbanken, die lange Zeit das Geschäft in New York beherrschten, gibt es nicht mehr. Ein Bild, das ich immer noch vor Augen habe: An den Drehtüren von Bear Stearns klebte ein Zwei-Dollar-Schein – Spielgeld, denn es gibt keinen Schein mit diesem Wert. Ein Witzbold hatte ihn dort angebracht. Zwei Dollar – das war der Preis pro Aktie, für den JP Morgan Chase den Bären schluckte, in jenem März, als alles ins Rutschen kam. (Das sorgte für öffentlichen Aufruhr, und zwei Wochen später erhöhte JP Morgan den Preis auf immerhin 10 Dollar.) Merrill Lynch, das war der schillerndste Name an der Wall Street, wurde von der Bank of America, der einst belächelten und schnöden Filialbank aus dem »Fly over State« North Carolina, übernommen. Morgan Stanley und Goldman Sachs mussten den gewöhnlichen Bankenstatus annehmen, um Zugriff auf die Rettungsgelder aus Washington zu erhalten. Lehman Brothers ging unter. Auf dem »Parkett« der Börse arbeiten noch heute einige Ex-Lehmänner. Die britische Bank Barclays kaufte das Parkettgeschäft von Lehman Brothers. Anstelle der grünen Lehman-Jacketts tragen diese Händler heute Hellblau.

Auf dem »Parkett« selbst sind sich die Händler keiner Schuld bewusst. Die meisten wussten wahrscheinlich tatsächlich nicht, was um sie herum geschah. Betroffen waren sie aber dennoch. Denn die Entlassungswelle traf auch sie – wie fast alle Branchen von der Autoindustrie bis zu den Zahnärzten. Aber irgendjemand muss doch schuld sein? Auf dem »Parkett« heißt es gern, die Demokraten würden sich viel zu sehr in die freie Wirtschaft einmischen, das sei der Kern des Übels. Dass die Krise am Ende der achtjährigen Amtszeit des Republikaners George W. Bush ausbrach, wird von den überwiegend konservativ veranlagten Händlern auf dem »Parkett« nicht erwähnt.

Heute schreiben die großen Banken in Amerika längst wieder milliardenschwere Gewinne. Und so absurd es so kurz nach der Finanzkrise ist, die Finanzinstitute sind heute noch größer als 2008. Es wird viel über »too big to fail« diskutiert. Wann ist eine Bank so groß, dass die Allgemeinheit sie unmöglich fallen lassen kann? Nun, Finanzinstitute wie Wachovia, Countrywide, Merrill Lynch, Bear Stearns oder Teile von Lehman Brothers wurden von anderen Banken übernommen. Und dadurch sind neue, noch größere Kolosse entstanden. Der Wettbewerb leidet. Und im schlimmsten Fall wird der Steuerzahler wieder einspringen und dann noch mehr zahlen müssen als 2008.

Bots und Algos

Big Data

»Welcome to the jewel of the Meadowlands« steht auf dem Ortsschild von Secaucus. Der kleine Ort mag zu Zeiten der Pioniere das »Juwel der Auen« gewesen sein, heute liegt er allerdings im wenig beschaulichen Industrieteil des Bundesstaates New Jersey. Durch den Holland-Tunnel in der Nähe des Finanzdistrikts dauert eine Autofahrt von der Wall Street dorthin etwas weniger als eine halbe Stunde. Im Rückspiegel taucht das World Trade One auf, der Nachfolgeturm des zerstörten World Trade Center. Doch hier bestimmen Lagerhallen das Straßenbild, ein Outlet wirbt für Lederkleidung, rechts und links zeugen heruntergekommene Bauten mit einem leeren Parkplatz davor von früheren, offenbar besseren Zeiten.

Ich bin auf dem Weg zu Equinix. Das Unternehmen ist einer der größten Betreiber von Rechenzentren in den Vereinigten Staaten. Prompt fahre ich an der Adresse vorbei. Das fällt mir einige Hundert Meter später auf. Es gibt kein großes Firmenschild, auch die Hausnummer ist kaum zu erkennen. Equinix bevorzugt die leisen Töne. Es muss ja nicht gleich jeder wissen, was sich in dem Gebäude abspielt. Ich habe einen Termin mit John Knuff, dem Geschäftsführer des Unternehmens, zuständig für Global Financial Services. Er war maßgeblich dafür verantwortlich, Equinix von einem regionalen Datencenter in Chicago zu einer der größten Datenplattformen der Welt ausgebaut zu haben (auch in Deutschland ist das Unternehmen vertreten). Zu uns stößt noch Allan Graham, der als Direktor für den Bereich Produktmanagement die Kunden aus der Finanzindustrie betreut. Allan hatte bis Mitte der 2000er-Jahre an der New York Stock Exchange gearbeitet. Dort bin ich ihm allerdings nie bewusst begegnet.

Wie eine gigantische Lagerhalle sieht NY4 von außen aus. Früher war es eine Brillenfabrik. NY4 ist eines von mehreren Gebäuden, die Equinix in Secaucus betreibt. Der Bau ist fensterlos, nur in der zweiten Etage sind ein paar Blindfenster angebracht. Durch zwei Glastüren gelangt man in den Eingangsbereich, in dem es weder einen Empfangstresen noch ein Hinweisschild gibt. Nur ein Telefon hängt an der Wand. Also nehme ich den Telefonhörer ab. Ich soll die Tür aufziehen, sagt eine Frauenstimme. Nachdem ich vergeblich versuche, die Tür vor mir zu öffnen, kommt zufällig jemand vorbei und erklärt mir, dass es die falsche Tür sei. Dann ertönt ein Klicken, und die Tür daneben geht plötzlich auf.

Der Raum dahinter ist in dämmriges Licht getaucht. Auch hier gibt es keine Fenster. An einer Wand hängt ein Fernseher. CNN strahlt gerade einen Bericht über eine Frau aus, die von Florida nach Kuba schwimmen will. Hinter einer Panzerglasscheibe sitzt die Dame vom Sicherheitsdienst, die mir die Tür geöffnet hat. Ich schiebe meinen Ausweis durch einen Schlitz, und sie teilt mir mit, dass mein Kontaktmann gleich kommen wird. Sie ermahnt mich, keine Aufnahmen zu machen und in den »Käfigen« nichts zu essen oder zu trinken. Was meint sie wohl mit den »Käfigen«? Neben ihr sind mindestens fünfzig Videoschirme installiert. Sie übertragen Bilder von den Sicherheitskameras, die überall im Gebäude installiert sind. Das sieht aus wie in einem Science-Fiction-Film. Auf den Monitoren bewegt sich nichts. Große Computerbänke, leere, dunkle Gänge. Nur ein bläulich-weißes Licht schimmert.

Dann holt mich Allan Graham ab. Wir müssen durch zwei Sicherheitsschleusen. Jedes Mal muss er eine Sicherheitskarte einsetzen und einen Code eingeben. Zudem werden seine Fingerabdrücke gescannt. Dann sind wir endlich im sogenannten Business Center angelangt. Hier gibt es kleine Büros, einen Konferenztisch, einen Aufenthaltsraum mit Flippern und anderen Spielautomaten. Es komme schon mal vor, dass die Mitarbeiter dreißig Stunden hintereinander das Gelände nicht verlassen können. Da sei etwas Abwechslung nötig, erzählt Allan. Knuff stößt zu uns, und wir gehen zu den »Käfigen«. So werden die Bereiche genannt, in denen die Computer untergebracht sind. Vorher müssen wir allerdings eine weitere Sicherheitsschleuse passieren. Dann erreichen wir das Herz der modernen Finanzwelt.

Ich hatte erwartet, dass es an dem Ort, der die Tausende Händler an der Börse ersetzt, still sein würde, denn ein Computer macht ja heutzutage keinen Lärm. Doch es ist überraschenderweise laut. Um uns zu verständigen, müssen Graham, Knuff und ich uns fast anschreien. Zudem ist es kalt. Der Lärm stammt vor allem von den gewaltigen Klimaanlagen. Die Halle ist mehrere Fußballfelder groß. Die Decke ist etwa dreißig Meter hoch. Das entspricht in etwa der Höhe des alten Börsensaals. Ich komme mir vor, wie ein Besucher aus der Vergangenheit, der einer Zeitmaschine entstiegen ist. Graham erklärt, dass die Deckenhöhe das Kühlsystem verbessert und die Hitze wie durch einen Kamin abzieht. Die Gänge sind Hunderte Meter lang, verlieren sich im Dunkeln. Kein Mensch ist zu sehen. Überall hängen Kameras und Sensoren. Bewegungsmelder registrieren, ob sich jemand im Gang befindet. Nur dann geht das Licht an. Computer brauchen kein Licht. Das schafft nur unnötige Hitze und verbraucht noch mehr Strom.

Und dann sind da die »Cages«, die Käfige. Das sind so etwas wie Abstellkammern, in denen Hochgeschwindigkeitsrechner übereinandergestapelt hinter Gittern installiert sind, weil sie vertrauliche Daten verarbeiten. Über unseren Köpfen verlaufen Kabelstränge in verschiedenen Farben, über die die Rechner miteinander und mit der Außenwelt verbunden sind. Glasfaserstränge, die das obskure Secaucus mit den Börsenplätzen der Welt, mit New York, Chicago, Frankfurt, London, Singapur und Tokio verbinden. Hier findet der Austausch von Informationen und Daten statt, pulsieren Bits und Bytes, die über das Schicksal unserer Unternehmen, unserer Ersparnisse, ja unserer gesamten Wirtschaft entscheiden. Das ist das »Parkett« der Zukunft! Die Geräte kommunizieren untereinander, gefüttert mit den entsprechenden Computerprogrammen treten die Rechner in Aktion. Große internationale Börsen sind hier angeschlossen. Genaue Kundennamen müssen vertraulich bleiben. Gehandelt werden Aktien, Devisen, Derivate oder auch Rohstoffe. Es sind aber bei Weitem nicht nur Finanzfirmen, die hier ihre «Bots« – so werden an der Wall Street liebevoll die Rechner mit ihren sich ständig wiederholenden Programmen in Anlehnung an Roboter bezeichnet – unterbringen. Telekommunikationskonzerne, Anbieter von Cloud-Service – also quasi virtuelle Informationslager – und Medienunternehmen haben sich hier eingemietet. Equinix stellt also lediglich einen Ort zur Verfügung, an dem sich die Kunden treffen können – wie es auch die New Yorker Börse in der Wall Street 11 tut. Die Kunden selbst installieren und programmieren die Bots. Über Glasfaserkabel können sich die Rechner im Nanosekundentakt austauschen. Alle paar Wochen kommen die Kunden vorbei, um ihre Rechner mit neuen Algorithmen zu füttern. Den Rest erledigen die Rechner selbst. Zu den Kunden aus der Finanzindustrie gehören Banken, Hedgefonds, Börsen sowie kleine Handelsfirmen. Nur über Datencenter wie Equinix bekommen sie den schnellstmöglichen Zugang. Die »Käfige« sind so begehrt, dass die Mieten sogar die der besten Büros in Manhattan übertreffen. An der Park oder Madison Avenue etwa beträgt die jährliche Miete rund 1600 Dollar pro Quadratmeter – bei den Rechenzentren im Industriegürtel New Jerseys liegt der Preis drei- bis viermal so hoch![22]

Graham, Knuff und ich laufen weiter durch schnurgerade, schier endlose Gänge. Wir verlassen die »Käfige« und die Bots und kommen zur »Lunge« von Equinix. Hinter Glasscheiben stehen riesige Generatoren, so groß wie Loks. Bei einem Stromausfall springen sie sofort an. Es darf keine Unterbrechung geben. Das drohte Ende Oktober 2012. Der Großraum New York wurde durch den verheerenden Wirbelsturm »Sandy« lahmgelegt. Die New Yorker Börse blieb damals für zwei Tage geschlossen. Es war das erste Mal seit über hundertzwanzig Jahren, dass der Handel dort wetterbedingt zwei Tage ausfiel. Wie an vielen Orten der Ostküste fiel auch in Secaucus der Strom aus. Sechs Tage dauerte es, bis die Stromversorgung wieder funktionierte. Für NY4 und Equinix war das kein Problem. Hier lagern 700 000 Liter Diesel. Das reicht, laut Graham, um die Bots zwei bis drei Tage am Laufen zu halten. Und schon am ersten Tag nach dem Hurrikan »Sandy« kamen die ersten Trucks, um Nachschub für die Dieselgeneratoren zu liefern. Equinix ist Graham zufolge der größte Stromverbraucher im gesamten Bundesstaat New Jersey. Selbst der nahe gelegene, internationale Flughafen Newark verbrauche weniger Strom.

Wir fahren mit dem Aufzug nach oben und klettern über eine Treppe auf das Dach von NY4. Von hier aus können wir die anderen Anlagen von Equinix sehen. Nebenan ist gerade das nächste Datenzentrum fertig geworden. Im Norden sind die Gipfel des nahen Mittelgebirges zu erkennen. Auf dem Dach sehe ich etwas das ich für einen Wald von Satellitenschüsseln halte. Das sind

Mikrowellenempfänger, erklärt Graham. Mikrowellen sind noch schneller als Glasfaberkabel bei der Datenübertragung. Und hier heißt es: »Speed is money!« Rund ein Jahr zuvor hatte Equinix einen ersten Mikrowellenempfänger installiert. Im Sommer 2013 ragten bereits über fünfzig davon auf dem Dach empor – wie ein futuristischer Wald. Von hier können Daten fast in Lichtgeschwindigkeit von Secaucus bis nach Chicago übermittelt werden. Die Mikrowellen übertragen die Daten rund 30 Prozent schneller als Glasfaserkabel. Das funktioniert so ähnlich wie bei den alten Feuertürmen. Von Berghügel zu Berghügel werden die Signale übermittelt. Die Daten von NY4 können via Mikrowellen zu entsprechenden Empfängern auf den Bergkuppen übermittelt werden. Von dort geht es weiter zum nächsten Sendemast, bis die Daten beispielsweise in Chicago, dem Zentrum für Devisen- und Warentermingeschäfte, angekommen sind. Ganz reibungslos läuft die Datenvermittlung via Mikrowellen allerdings noch nicht. Bei starkem Regen und dichtem Nebel können Störungen auftreten. Diese Technik gibt es schon lange, aber das System ist in den letzten Jahren deutlich verbessert worden, weshalb die Finanzindustrie sie verstärkt einsetzt.

Equinix steht am Ende der Entwicklung, die mit Bernie Madoffs Quotierungssystem für die NASDAQ und den Glasfasersträngen von Bernie Ebbers WorldCom und anderen Internetfirmen begonnen hat. (Kurios, dass ausgerechnet diese zwei verurteilten Betrüger zu den Initiatoren der größten Umwälzung an der Wall Street gehören seit dem Treffen unter dem Buttonwood-Baum. Vielleicht lässt sich ohne Größenwahn so etwas nicht erreichen.) Aktienkurse, Devisen, Derivate, ja selbst ökonomische Nachrichten wie Wirtschaftswachstum oder Arbeitslosenzahlen lassen sich fast problemlos als Nullen und Einsen ausdrücken. Das macht die Finanzmärkte ideal für die Digitalisierung, die immer weitere Bereiche unseres Lebens erfasst. Mit ihrer künstlichen Intelligenz können mit Computern ausgestattete Maschinen heute Sprache und Gesichter erkennen, einfache Texte verfassen, Flugzeuge landen lassen und sogar Operationen am offenen Herzen vornehmen. 2011 schlug das von IBM entwickelte Computerprogramm Watson alle menschlichen Konkurrenten bei »Jeopardy«, einer US-Fernseh-Quizshow, bei der es um Wissensfragen geht. Selbst Ärzte und Lehrer erhalten Konkurrenz. Das Watson-Programm soll künftig in der Krebsdiagnostik eingesetzt werden, und die Pädagogische Fakultät der New Yorker Columbia University testet derzeit einen Lehrer-Roboter im Klassenzimmer. Doch nirgendwo ist die digitale Revolution so weit fortgeschritten wie in der Finanzbranche.

Mehr als 90 Prozent des täglichen amerikanischen Aktienhandels werden bereits über Computer abgewickelt. Inzwischen informieren Rechner andere Rechner – es gibt Nachrichtendienste erstellt von Computern, die Informationen für andere Computer in Code »übersetzen«. Und es gibt Computer, die anderen Computern sagen, aufgrund dieser computergenerierten Information zu handeln. Science-Fiction? Nein, Alltag an der Wall Street.

Der Aufstieg der Quants

Die neuen Herren dieser Welt sind die Quants. Die Bezeichnung leitet sich von »quantitative finance« ab. Ihre Vertreter analysieren das Geschehen in der Wirtschaft und an den Finanzmärkten anhand mathematischer Modelle. Statt auf Erfahrung und Instinkt, wie traditionelle Trader, verlassen sie sich auf Statistik und Wahrscheinlichkeitsrechnung. Sie sind es, die die Formeln, die Algorithmen, entwickeln, die heute das Geschehen auf den Märkten bestimmen. Genauso wie die italienischstämmigen oder irischen Börsianer, die einst an der Wall Street dominierten, sind sie oft Einwanderer in der ersten oder zweiten Generation: aus Osteuropa, Indien oder China. Doch anders als ihre Vorgänger sind sie extrem gut ausgebildet. Viele haben einen Abschluss in Mathematik, Informatik oder Physik an einer renommierten Universität. Im Gentlemen's Club sucht man sie vergeblich. Früher haben die Wall-Street-Veteranen auf die Schlabber-T-Shirt-Jungs heruntergeschaut. Nerds eben, pickelige Loser an ihren Computern. Heute sind sie gefragt.

Welche Bedeutung die Quants für die Wall Street haben, zeigt ein bizarrer Fall, der die Gerichte beschäftigte. Sergey Aleynikov arbeitete bei Goldman Sachs als Programmierer. Eines Tages – oder besser gesagt, eines Nachts – lud er Teile eines Computerprogramms auf seinen Computer herunter und nahm es mit nach Hause. Goldman Sachs reagierte harsch mit einer Anzeige wegen Diebstahls. Es handelte sich, so die Bank, nicht um irgendein Rechenprogramm, sondern um ein wichtiges und eigentlich geheimes Programm, mit dem die Investmentbank ihre Handelsstrategien an den Märkten umsetzte und sich einen Vorsprung vor den anderen Marktteilnehmern zu verschaffen hoffte. Es war wie wenn jemand das Geheimrezept von Coca-Cola entwendet hätte – so jedenfalls argumentierten die Anwälte von Goldman Sachs. Aleynikov hielt dagegen, er habe geglaubt, dieser Teil des Computercodes sei öffentlich zugänglich gewesen. Er wurde zu acht Jahren Gefängnis verurteilt. Ein Berufungsgericht hob das Urteil später auf, doch im Sommer 2012 leiteten die Behörden ein neues Verfahren gegen den Programmierer ein. Täglich werden schwere Verbrechen in New York begangen, zahllose Betrüger bringen ihre Opfer um Millionen Dollar. Warum sind aber die Behörden derart versessen darauf, Aleynikov hinter Gitter zu bringen? Insider vermuten, dass an ihm ein Exempel statuiert werden soll. Auch in der neuen digitalen Finanzwelt soll sich Verbrechen nicht lohnen. Doch die Regulierer sind hoffnungslos abgehängt – und viele andere Börsianer auch.

Eigentlich hat sich nichts geändert an der Wall Street. Noch immer geht es darum, einen Vorsprung gegenüber den anderen Marktteilnehmern herauszuholen. Doch in der Welt von Big Data hat der Mensch dabei keine Chance mehr. Nur eine computerisierte Maschine kann all die Informationen erfassen, die heute empfangen und eingeordnet werden müssen. Für einen Menschen sehen viele Informationen wie Zufälle aus, wo ein Computer Muster erkennt. Was bedeuten die jüngsten Daten von chinesischen Baubeginnen, japanische Zinsbewegungen, Streiks bei den Ölförderern in Nigeria oder die Maisernte im Mittleren Westen der USA für die Märkte? Und je mehr Informationen verfügbar sind, desto mehr wird geschaffen. Wie Seefahrer in den Wolken oder den Wellen die Zeichen eines herannahenden Sturms erkennen, mussten die Händler vom alten Schlag ein Gespür für den Markt entwickeln, die Zeichen deuten können, wann er drehen würde und die Kurse gegen sie laufen würden. Heute haben die Seeleute Radar und den meteorologischen Dienst. Und die Händler haben Formeln und Computer.

»Speed is everything«

Wissen mag Macht sein – an der Street ist es vor allem Geld. Ein Beispiel: Der Finanzdatendienst Thomson Reuters, ein Konzern, der 2008 aus der Übernahme der Nachrichtenagentur Reuters durch die kanadische Thomson Corporation entstanden ist, ermittelt zusammen mit der Universität Michigan jeden Monat ein Stimmungsbarometer der US-Konsumenten. Da die US-Wirtschaft zu rund zwei Dritteln vom Konsum abhängt, wird dieses sogenannte Verbrauchervertrauen, das die Kaufbereitschaft messen soll, entsprechend wahrgenommen und beeinflusst die Kurse der Aktien. Und so warten an dem Freitag, an dem die Daten um 9:55 Uhr New Yorker Zeit veröffentlicht werden, die Marktteilnehmer gespannt auf den neuesten Wert. Doch einige Marktteilnehmer müssen nicht ganz so lange warten. Sie erhalten den jüngsten Wert um 9:54:58 Uhr – zwei Sekunden früher als der Rest der Welt. Gegen eine entsprechende Bezahlung, versteht sich. Es gab einen Aufschrei, als das bekannt wurde. Wegen zwei Sekunden? Was kann das für einen Unterschied machen? Ein Vermögen! Willkommen beim High Frequency Trading – Handel in extremer Geschwindigkeit.

Mit Rechnern, die selbst die NASA neidisch machen könnten, handeln die High-Frequency-Trader Aktien oder Devisen – und bald Bonds und Rohstoffe – in Bruchteilen von Sekunden. Pro Sekunde schicken ihre Rechner 5000 Orders und mehr raus. Quants schreiben die Programme, die Algos, die dann wie Raubfischschwärme die elektronischen Netze der weltweiten Finanzmärkte auf der Suche nach Preisdifferenzen durchforsten, die sie für sich nutzen können. Die Gewinne aus den Transaktionen können minimal sein und bestehen oft nur für Sekundenbruchteile – doch die Computerprogramme können sie millionenfach ausnutzen – und so Milliarden für das High-Frequency Trading (HFT) abschöpfen. Da machen ein paar Sekunden eine Menge Geld aus. Je näher ein HFT-Rechner an den Handelssystemen der Börsen angeschlossen ist, desto besser. Ein paar Meter Kabel können schon einen Unterschied von einer Nanosekunde ausmachen.

Nanosekunden – manche spielen auch schon mit Pikosekunden – verschaffen den High-Frequency-Tradern den entscheidenden Vorsprung. Selbst Gebirge können die Trader nicht aufhalten. 2008 kam der Händler Daniel Spivey auf die Idee, eine eigene Glasfaserleitung von Chicago nach New York zu verlegen. Spivey wollte nicht wie andere Anbieter den Kabelstrang entlang der Highways und Bahnschienen verlegen. Er suchte den direktesten Weg, aber dazu brauchte er Geld. Er kontaktierte James Barksdale, den ehemaligen Chef des Internetbrowsers Netscape. Gemeinsam gründeten sie Spread Networks. Im Frühjahr 2009 waren über hundertfünfundzwanzig Baugruppen gleichzeitig für das Projekt im Einsatz. Sie gruben kleine Tunnel unter Bächen und Flüssen. In den Allegheny Mountains im Bundesstaat Pennsylvania wurden Steinsägen eingesetzt, um sich durch das Gebirge hindurchzuarbeiten. Schätzungen zufolge kostete das Projekt rund 300 Millionen Dollar. 825 Meilen lang ist die Verbindung zwischen Chicago und New York. 13,5 Millisekunden dauerte die Datenübertragung bei der Fertigstellung im Sommer 2010. Rund 100 Meilen wurden durch den direkten Weg gegenüber herkömmlichen Kabelleitungen eingespart. Gegenüber der Konkurrenz war das ein Geschwindigkeitsvorteil von drei Millisekunden. Für die Hochfrequenzmaschinen bedeutet das eine halbe Ewigkeit. Spreads Geschwindigkeitsrekord wurde seither von der Mikrowellentechnologie, die auch bei Equinix getestet wird, noch einmal deutlich unterboten: Das Start-up McKay Brothers übertrug Handelsdaten zwischen New Jersey und Chicago 2012 in nur noch 9 Millisekunden. Doch da das Wetter diese Übertragungsweise beeinflussen kann, bleibt Glasfaser mit 99,9 Prozent gegenüber 99 Prozent Zuverlässigkeit bis auf Weiteres die sicherere Wahl.[23]

Rund 50 Prozent des Aktiengeschäfts laufen weltweit über HFT. Die amerikanische Börsenaufsicht Securities and Exchange Commission (SEC) machte dafür 1998 den Weg frei. Sie gab elektronischen Plattformen grünes Licht, mit Börsen wie der New

York Stock Exchange zu konkurrieren. Das sollte den Markt für jeden Investor mit einem Computeranschluss öffnen, was teilweise auch gelungen ist. Aber mit den Hochgeschwindigkeitsrechnern kann niemand mithalten. Sie können Tausende Aufträge innerhalb einer Sekunde ausführen. Die Algorithmen durchforsten den Markt nach Informationen und kleinsten Ungleichgewichten, die teilweise sogar künstlich erzeugt werden. So kann ein HFT-Rechner etwa eine Verkaufsofferte starten. Sobald ein Käufer »anbeißt«, zieht der Computer die Verkaufsofferte zurück und kauft schnell Aktien, um sie dann zu einem leicht höheren Preis zu verkaufen. Die ganze Aktion erfolgt in Bruchteilen einer Sekunde. Die Marktteilnehmer bekommen davon nichts mit. Weiter zum nächsten Deal. Die Margen sind minimal, aber die Masse macht den Unterschied. 2009 und 2010, in den beiden Jahren nach der Finanzkrise, fuhr die HFT-Branche laut der Tabb Group in den USA einen Gewinn von 12,9 Milliarden Dollar ein. Zusätzlich erhalten die HFT-Händler eine Kommission von den Börsen, weil sie Liquidität in den Markt bringen. Und an dem Volumen verdienen wiederum die Börsenbetreiber. Eine Hand wäscht die andere.

»Unsere Präsenz sorgt für die Demokratisierung am Markt«, erklärt Cameron Smith von der HFT-Firma Quantlab. Die Branche fühlt sich zu Unrecht als Buhmann dargestellt. Die HFT-Plattformen haben für mehr Wettbewerb gesorgt, beteuern die Befürworter. Das Handelsvolumen an den Börsen würde ohne die automatisierten Programme voraussichtlich einbrechen. Und eine höhere Liquidität ist grundsätzlich gut für jeden Investor. Nur so können Investoren sicher sein, jeden Moment einen Käufer oder Verkäufer zu finden, also jederzeit in den Markt einzusteigen oder ihn zu verlassen. Auch die Gebühren für den Handel seien durch HFT gesunken. Das klingt grundsätzlich plausibel. Wäre da nicht der 6. Mai 2010 gewesen.

Flash Crash

Es war Donnerstag, der 6. Mai 2010 – ein inzwischen denkwürdiges Datum an der Wall Street. Der Handel plätscherte damals zum Auftakt mehr oder weniger vor sich hin. Klar, es gab einige Sorgen. Da war die Schuldendebatte um die Eurozone und die Zukunft Griechenlands. Doch an diesem Tag war die Nachrichtenlage nicht schlechter als zuvor, die Kurstafeln zeigten keine großen Spannungen. So war es auch keine wirkliche Überraschung, als die Meldungen von Protesten in Athen einliefen. Der US-amerikanische Nachrichtensender CNBC zeigte Bilder von Zusammenstößen zwischen Polizisten und Demonstranten auf den Straßen der griechischen Hauptstadt. Nun gaben die Kurse nach. Zunächst leicht, dann etwas stärker. Und plötzlich brachen sie weg. Crash! Das war um kurz nach 14:30 Uhr New Yorker Ortszeit. 300 Punkte Minus, 400 Punkte Minus. Was war da los? 500 Punkte Minus, 600 Punkte Minus. So besorgniserregend die Entwicklung in Athen auch war – einen solchen Absturz erklärte sie nicht. Auf dem »Parkett« war die Anspannung fast greifbar. Jeder versuchte an Informationen zu kommen, überall ungläubige Gesichter. What the heck is going on?

Die Talfahrt wurde rasanter. 700 Punkte Minus, 800 Punkte. Die Aktie von Procter & Gamble, einem der größten und stabilsten Konsumgüterkonzerne der Welt, Hersteller der Pampers-Windeln, brach urplötzlich über 30 Prozent weg. Die Aktie der Unternehmensberatung Accenture kostete bei der Börseneröffnung am 6. Mai rund 41 Dollar. Um etwa 14:47 Uhr stand ihr Kurs bei einem Penny. Das Unternehmen mit weltweit 266 000 Mitarbeitern war praktisch wertlos! Weder über Procter & Gamble noch über Accenture gab es irgendwelche negativen Neuigkeiten. Der Dow-Jones-Index, der Amerikas größte Unternehmen umfasst, verlor 900 Punkte und schließlich 998,50 Punkte an Wert. Es war der größte Punktverlust innerhalb eines Handelstages in der Geschichte des Index. Dann, als ob nichts passiert sei, stiegen die Kurse wieder an. Der Markt erholte sich fast so rasch, wie er eingebrochen war. Das Tagesminus belief sich schließlich auf »nur« 348 Punkte.

Außerhalb der Wall Street erregte das Ereignis kaum Aufmerksamkeit. Den wenigsten wurde die Bedeutung klar. In wenigen Minuten wurden an der weltgrößten Börse Milliarden vernichtet. Wie konnte das geschehen?

Das ist das, was die Sache noch unheimlicher macht: Man weiß bis heute nicht genau, was passiert ist. Die Suche nach den Ursachen ist nie richtig befriedigend abgeschlossen worden. Doch der 6. Mai 2010 dürfte in etwa so abgelaufen sein:[24] Waddell & Reed, eine Investmentfirma aus dem Mittleren Westen, platzierte eine Order. 75 000 E-Mini Futures sollten abgestoßen werden. Das sind Derivate mit einer starken Hebelwirkung beziehungsweise, vereinfacht ausgedrückt, Wetten darauf, ob der Standard & Poor's 500-Index steigt oder fällt. Die *New York Times* machte später diesen angeblich 4,1 Milliarden Dollar schweren Auftrag für den Absturz verantwortlich. Doch wie der Nachrichtendienst Bloomberg später feststellte, handelte es sich um einen passiven Auftrag. Das heißt, die Anweisung von Waddell & Reed tauchte nicht als gigantische Verkaufsorder auf, sondern die Firma bot ihre Papiere erst dann an, wenn jemand E-Mini Futures kaufen wollte. Solche Order zum Management des Aktien-Portfolios sind auch nicht unüblich. Es scheint also nicht so gewesen zu sein, dass plötzlich massiv E-Mini Futures verkauft wurden und dadurch die Preise einbrachen. Was laut Bloomberg den eigentlichen Stein ins Rollen brachte, waren High-Frequency-Trader. Deren HFT-Programme gaben an jenem schicksalhaften 6. Mai die Order aus, E-Mini Futures zu verkaufen. Die Verkaufsorders scheinen auf die passive Order von Waddell & Reed gestoßen zu sein. Doch entsprechende Kauforder für die E-Mini Futures blieben aus. Jetzt stand ein Überhang von Verkaufsorders einem Mangel an Kauforders gegenüber. Das löste Alarmmeldungen aus und verstärkte den Verkaufsdruck. Niemand wollte im Markt bleiben und womöglich von der Verkaufswelle überrollt werden. In einer solchen Situation wird erst verkauft und dann gefragt. Problematisch war zudem, dass an der größten Aktienbörse der Welt, der NYSE, ab 14:30 Uhr Ortszeit keine Handelsbremsen mehr vorgesehen waren. Wäre der Flash Crash vor 14:30 Uhr eingetreten, hätten die automatischen Verkaufssperren den Kursrutsch womöglich auffangen können. Es war auch nicht direkt die Schuld der HFT-Programme. Wenn Ungleichgewichte auftreten, ist es es verständlich, wenn die Programme im Sinne ihrer Investoren aussteigen. Aber die Maschinen haben den Absturz indirekt befeuert. Denn sobald die Ungleichgewichte auftraten, gaben die Algorithmen den Befehl, sich aus dem Markt zurückzuziehen. Dadurch wurde dem Markt schlagartig ein Großteil der Liquidität entzogen. Und die Aktien gingen in den freien Fall. Kein Spezialist, kein Marketmaker ist in einem solchen Fall da, um mit seinem eigenen Kapital einzugreifen und absurde Kursentwicklungen abzufedern.

Der Flash Crash wirft viele Fragen auf: Beherrschen wir die Computer wirklich? Kann so etwas wieder passieren? Wenn wir nicht wissen, warum, dann kann sich so etwas immer wiederholen. An der Wall Street macht seit dem 6. Mai 2010 ein neues angstbesetztes Wort die Runde: der Splash Crash. Gemeint ist, dass sich Verluste wie ein Lauffeuer von einer Anlageklasse auf die nächste übertragen könnten. Das träte also ein, wenn beispielsweise Aktien wegbrechen, sodass dann schlagartig die Devisenkurse verrücktspielen, um schließlich den gesamten Rohstoffsektor anzustecken.

Mini-Crashs gibt es immer wieder. Zwar ist ein Flächenbrand bisher nicht mehr aufgetreten, aber bei einzelnen Aktien kommt es durchaus zu starken, nicht nachvollziehbaren Schwankungen. So kann etwa die General-Electric-Aktie ohne erkennbaren Grund um 8 Prozent fallen, und kurz darauf landet sie in etwa wieder bei ihrem Vortageswert. Manchmal aber ist die Ursache klar nachvollziehbar.

Auch am 23. April 2013 sackte der Aktienmarkt plötzlich weg. Zwischen 13:08 und 13:10 Uhr New Yorker Ortszeit knickte der Dow-Jones-Index um über 140 Punkte ein. Ein Grund war schnell gefunden. Über den Twitter-Account der Nachrichtenagentur Associated Press (AP) kam folgende Meldung: »Breaking: Two Explosions in the White House and Barack Obama is injured.« Zwei Explosionen, der Präsident ist verletzt? Auf dem »Parkett« wurde die Nachricht mit Skepsis aufgenommen. Innerhalb weniger Minuten folgte auch prompt das Dementi von AP, dass der Tweet falsch sei. Hacker hatten sich in den AP-Twitter-Account gehackt und die alarmierende Falschmeldung platziert. Die Syrian Electronic Army, angeblich eine Sympathisantengruppe des syrischen Präsidenten Assad, outete sich als tatsächliche Quelle. Der Markt erholte sich wieder. Aber vorübergehend wurden Milliarden Dollar an Marktwert zerstört. Wenn die Händler so skeptisch waren, warum konnte der Markt dennoch so schnell abrutschen? Computer können lesen, ist die einfache Antwort. Die Rechner verfolgen nicht nur Zahlen und Datenmengen, sondern durchforsten inzwischen auch die Einträge der Nachrichtenagenturen. Bei der AP-Falschmeldung sprangen sofort die Verkaufsprogramme an. Das sind die Schattenseiten der computergesteuerten Börse.

Als »Geparden«, als Raubkatzen, bezeichnete Bart Chilton bereits im Sommer 2011 die HFT-Trader. Sie seien immer die Ersten, die zuschlagen, so der damalige Aufseher der Commodity Futures Trading Commission. »Wir müssen die Geparden in einen Käfig sperren«, warnte Chilton.

Andere Kritiker sehen die Gefahr darin, dass die schnellsten Rechner auf Kosten der gewöhnlichen Investoren gewinnen. Zudem würde der Lichtgeschwindigkeitshandel den Markt destabilisieren, weil diese ungeheuere Geschwindigkeit und die gehandelten Volumina eine faire Preisfindung, eines der Markenzeichen der alten Börse, erschweren würden: Dort wurde der beste Preis ermittelt. Dafür nahmen sich die Händler die erforderliche Zeit. Aber im digitalen Zeitalter geht es in erster Linie um Geschwindigkeit und um die globale Verfügbarkeit. Romantiker können der alten Wall Street nachtrauern. Aber das hält »the rise of the machines«, den Aufstieg der Maschinen, nicht auf.

Ausgerechnet New Jersey

Lange hat die New York Stock Exchange gegen die Maschinen gekämpft, immer neue Argumente für das »Parkett« vorgebracht, neue Kompromisse geschlossen. Aber dann hat sich die Börse wohl dem amerikanischen Sprichwort »If you can't beat them, join them« – »Wenn du sie nicht schlagen kannst, verbünde dich mit ihnen« – gemäß zum Mitmachen entschlossen. Ausgerechnet in New Jersey hat sie ihr neues vollautomatisches Handelszentrum aufgebaut, nur ein paar Kilometer von Equinix entfernt in dem kleinen Ort Mahwah, dessen Name der Sprache der Indianer entstammt, die dort einst fischten und jagten, und so viel wie Versammlungsort bedeutet. Vor dem Datencenter dort hat die

NYSE eine Allee mit Buttonwood-Bäumen gepflanzt, um die Tradition hochzuhalten. Sonst erinnert hier nichts an die glorreichen Zeiten der New Yorker Börse.

Und nicht nur das: Die Börse hat sich längst zum Dienstleister der High-Frequency-Trader gemacht. An keinem anderen Ort bekommen die Marktteilnehmer so nahen Zugang zu den Handelssystemen der Börse. Ähnlich wie bei Equinix stehen hier Tausende Bots in »Käfigen«. Besucher sind unerwünscht, und auch hier erfolgt die Datenübertragung in Milli- und Nanosekunden. In Mawah verkauft die NYSE den schnellstmöglichen Zugang zu Daten. Hier gibt es die kürzeste Kabelverbindung zu den Handelsrechnern der Börse. Das hat seinen Preis. Mit dem Handel, der da stattfindet, hat die NYSE auch Zugang zu gewaltigen Datenmengen. Wer kauft und wer verkauft, wie sehen die jeweiligen Volumina aus, wie werden die Aufträge gestückelt, in welchen Zeitabständen kommen die Orders rein, wie sehen die Volumina bei den einzelnen Titeln aus? Diese Daten verkauft die NYSE – möglichst zeitnah, nanosekundennah an Hedgefonds und andere HFT-Spieler. Die Börse verdient mit dem Verkauf von Daten inzwischen fast so viel wie mit den Gebühren aus den traditionellen Börsengängen. Wer diese Daten als Erster hat und am besten analysieren kann, der hat den entscheidenden Vorteil. Wie wenig das »Parkett« noch zählt, wurde den alten Recken an der NYSE im Dezember 2012 brutal vor Augen geführt.

Die Übernahme

»Das ist ein schwarzer Tag für Europa.« Das war die düstere Feststellung der Deutschen Börse Anfang 2012. Die Europäische Union hatte der geplanten Übernahme der New York Stock Exchange durch die Frankfurter Börse gerade einen Riegel vorgeschoben. Jahrelang hatten die beiden Börsen immer wieder Pläne geschmiedet, ihre Aktivitäten zusammenzulegen. Bei dem jüngsten Vorstoß sollten die Frankfurter 60 Prozent und die New Yorker 40 Prozent an der Superbörse besitzen. Die beiden wollten gemeinsam der asiatischen Konkurrenz begegnen. Die Börsen aus Singapur, Hongkong und Schanghai gewinnen immer mehr an Bedeutung. Um Aktien geht es dabei längst nicht mehr. Zu dem damaligen Zeitpunkt war die Anzahl der in den USA gehandelten Aktien bereits das dritte Jahr in Folge gefallen. Zwar hätten die Deutschen und die Amerikaner die mit Abstand größte Aktienbörse der Welt geschaffen, doch das war nicht das eigentliche Ziel. Es ging um Derivate, den »Zucker« der Wall Street. Derivate sind ein Wachstumsgeschäft, mit Aktien lässt sich dank der erbarmungslosen Konkurrenz von Handelsplattformen kaum noch etwas verdienen.

Eurex, der Derivatezweig der Deutschen Börse, und Liffe, das Derivategeschäft der NYSE, sollten das Geschäft in der westlichen Welt beherrschen. Angeblich würden sie über 90 Prozent des europäischen Terminhandels die Kontrolle ausüben, beklagte die EU. Die Börsen waren zu Eingeständnissen bereit und wollten etwa den Liffe-Zweig abstoßen. Doch letztlich war der Zeitpunkt ungünstig gewählt. So kurz nach der Finanzkrise misstrauten die Behörden allem, was nach Derivaten roch. Wir müssen die europäische Wirtschaft vor perversen Einflüssen bewahren, befand Joaquín Almunia, der damalige Wettbewerbshüter der EU. Der Bankenverband applaudierte. Das sei die richtige Entscheidung gewesen, meinte der Verband, der die Interessen von Finanzinstituten wie Goldman Sachs, Deutsche Bank oder UBS vertritt. Den Banken hätte eine Superbörse gar nicht gepasst, da sie doch seit Jahren bemüht waren, einen größeren Teil des Handels in ihre Kanäle zu leiten.

Jeffrey Sprecher – der Mann der Stunde

Das machte den Weg frei für einen Mann, der es sich zum Ziel gesetzt hatte, die Börsenlandschaft nach eigenen Vorstellungen umzustrukturieren: Jeffrey Sprecher. Er war der Chef des Unternehmens Intercontinental Exchange (ICE). Lange hatten die Börsianer Sprecher nicht ernst genommen. Schließlich war ICE eine elektronische Handelsplattform – eine bessere Serverfarm, wie manche lästerten. Und der Sitz von Sprechers Börse war in Atlanta im Bundesstaat Georgia – weiter konnte man kaum von allem und allen entfernt sein, die irgendetwas zählten an der Wall Street. Doch Sprecher stachelte das nur an. In Interviews ließ er kein gutes Haar an der Führungsriege der New Yorker Börse. Gemeinsam mit der Erzrivalin NASDAQ schmiedete er einen Plan zur feindlichen Übernahme der NYSE. Rund 11 Milliarden Dollar boten ICE und NASDAQ den NYSE-Aktionären an. Doch das amerikanische Justizministerium ließ durchblicken, dass dieser Deal aus Wettbewerbsgründen nicht genehmigt werden würde. Doch dann kam Sprechers goldene Stunde: Die EU untersagte die Fusion von Deutscher Börse und NYSE. Ein knappes Jahr später landete Sprecher dann allein den Coup. Für 8,2 Milliarden Dollar übernahm ICE die NYSE. Das muss man sich auf der Zunge zergehen lassen: Ein Start-up-Unternehmen aus Atlanta, das es erst seit dreizehn Jahren gab, kaufte die über zweihundert Jahre alte Institution, das Herz des amerikanischen Kapitalismus.[25]

Wer ist Jeffrey Sprecher? Er wurde 1955 geboren und wuchs auf dem Lande im Bundesstaat Wisconsin auf. Seine Mutter arbeitete als Krankenschwester, sein Vater verkaufte Versicherungspolicen. Er studierte Chemical Engineering und heuerte bei einer Firma an, die auf Klimaanlagen spezialisiert war und seinen Master of Business Administration (MBA) finanzierte. Danach zog es ihn in die Energieindustrie. Mitte der 90er-Jahre baute er ein Kraftwerk auf. Sprecher erkannte die Chancen, die damals die Deregulierung der Energiebranche bot. Entrepreneure erhielten die Erlaubnis, eigene Kraftwerke zu betreiben. Dann kaufte er die Continental Power Exchange. Ursprünglich mussten sich Betreiber von Kraftwerken, die überschüssige Energie kaufen oder verkaufen wollten, gegenseitig unterrichten und sich auf einen Preis einigen. Über die Continental Power Exchange bekamen die Stromanbieter nun die Möglichkeit, sich über eine elektronische Handelsplattform auszutauschen. Das war 1997.

2000 gründete Sprecher die ICE als Online-Marktplatz für Energiekontrakte. Während seiner Beschäftigung in der Energiebranche hatte er gelernt, dass viele Energieunternehmen und Finanzfirmen ihre Investitionen mit entsprechenden Finanzgeschäften absichern wollen. Doch der Markt war unorganisiert und undurchsichtig. Sprecher hatte die glänzende Idee, eine vollelektronische Derivateplattform anzubieten. Die Rückendeckung der Banken war garantiert. Denn sie wollten die Quasi-Monopolstellung der Börsen wie der Chicago Mercantile Exchange, der größten Terminbörse, in diesem Bereich aufbrechen. In einem Interview erinnerte sich Sprecher daran, wie er zwei Tage vor Gründung der ICE dem Topmanagement der New York Mercantile Exchange (NYMEX) 10 Prozent seiner Firma zum Kauf anbot. An der NYMEX werden Termingeschäfte wie Öl, Gold oder Zucker gehandelt. Die NYMEX beherrschte den Ölterminmarkt in den USA. Entsprechend selbstbewusst war die Nymex-Führungsschicht. Bei seiner Präsentation soll ein Aufsichtsratsmitglied gefragt haben, wer zum Teufel ihn denn reingelassen habe.[26] Es wird berichtet, dass Sprecher schließlich vom Sicherheitspersonal nach draußen eskortiert worden sei.

Das sollte NYMEX bereuen. Sprecher baute ICE aus. Die neue Börse wurde zur größten Clearingstelle. Der spektakuläre Absturz des Energiehändlers Enron spielte ihm dabei in die Hände. Clearinghäuser sollen helfen, das Risiko bei Derivategeschäften abzuschwächen. Sie fungieren als eine Art Puffer, wenn einer von zwei Vertragspartnern zahlungsunfähig wird. Mittels des »Dodd-Frank Wall Street Reform and Consumer Protection Act« (»Dodd-Frank-Act«), des US-Gesetzes, das als Reaktion auf die Finanzmarktkrise von 2007 das Finanzmarktrecht der Vereinigten Staaten umfassend änderte, hat die Bedeutung der Clearingstellen zugenommen. ICE Clear Credit, die Clearingsparte der ICE, ist auch die wichtigste Clearingstelle für Kreditderivate. »Sag mir, wie die Regeln aussehen, dann mache ich damit Geld«, lautet einer von Sprechers Lieblingssprüchen.

Sprecher trat als Außenseiter in das Finanzgeschäft ein, und als solcher ließ er sich keine grauen Haare darüber wachsen, wie das Geschäft über hundertfünfzig Jahre geführt worden war, stellte James Newsome, der ehemalige Chef der NYMEX, später einmal fest. Auf Traditionen nahm er keine Rücksicht. 2001 kaufte er die International Petroleum Exchange in London – eine Institution der City! Prompt ließ er den Parketthandel dort schließen. Die Trader konnten es nicht fassen und probten den Aufstand. Nach demselben Muster ging er fünf Jahre später bei der New York Board of Trade (NYBOT) vor. Dort wurden Kaffee und Kakao gehandelt. Die börseneigene Rösterei befand sich übrigens direkt neben unserem Büro, und an manchen Tagen zog von dort der Duft von frisch geröstetem Kaffee zu uns herüber. Sprecher übernahm die NYBOT im Januar 2006. Auch hier wurde wenig später das »Parkett« aus Kostengründen geräumt. Alles wurde vollautomatisert. Die Entscheidung überließ Sprecher dabei den Kunden. Sie konnten wählen, ob sie Aufträge über das »Parkett« oder die elektronischen Systeme laufen lassen wollten. Die überwältigende Mehrheit stieg auf die deutlich günstigere automatische Lösung um.

»Ich bin ein furchtbarer Manager«, sagte Sprecher einmal in einem Interview. Da er kein »Firmenmensch« ist, versucht er, das Tagesgeschäft an andere Mitarbeiter abzugeben. Für die Zukunft der ICE und NYSE ist das ein schwer kalkulierbares Risiko. Was passiert mit den Institutionen, wenn Sprecher das Interesse verliert und neue Herausforderungen sucht? In Washington verfügt die ICE über kein ausgeprägtes Lobbyistennetz. Viel hängt an der Person Sprechers selbst. Bei der Präsidentschaftswahl 2012 unterstützte er den republikanischen Präsidentschaftskandidaten Mitt Romney. Er organisierte sogar einen eigenen Spendensammelabend für Romney und überwies zusammen mit seiner Frau insgesamt rund 1,5 Millionen Dollar an den Wahlkampffonds Restore our Future-Super PAC, der für den Republikaner warb.

Kritisiert wird Sprecher wegen seiner Nähe zu den großen Wall-Street-Banken. Es wird ihm vorgehalten, dass die Banken mit seiner Hilfe die Stellung der alten Handelsplätze wie der Chicago Mercantile Exchange ausgehöhlt hätten. Im Januar 2000, als Sprecher mit seiner jungen Firma ICE ums Überleben kämpfte, kam er nach New York, um Investoren aufzutreiben. Er schlief auf der Couch seiner Schwester, ein Stockwerk über der lauten Bar Jack's Dilemma. Dort holte ihn dann eine Limousine von Goldman Sachs ab. Die Banken hatten ihren Kandidaten gefunden, der die starren Strukturen und vor allem die Vormachtstellung der Börsen brechen sollte.

In einem Interview erzählte Sprecher, dass es am Anfang seines Berufslebens viel leichter gewesen sei, das Geld für ein Kraftwerk aufzutreiben als für die Hypothek seiner ersten kleinen Wohnung. »Ich habe in meinen Zwanzigern gelernt, dass es leichter ist, Geld für eine gute Idee aufzutreiben, als Geld für etwas Traditionelles wie ein Haus zu leihen«, sagte Sprecher der *Financial Times*. Und zur Verteidigung der Banken führt er an, dass es eine Menge Leute an der Wall Street gebe, die ihm geholfen haben, Geld für seine Vision aufzutreiben. Heute lebt Sprecher in Atlanta in einem Zehn-Millionen-Dollar teuren Anwesen. Es ist eine der luxuriösesten Immobilien der Stadt, mit elf Badezimmern und sieben Schlafzimmern. Privat liebt er teure Uhren, große Häuser und schnelle Autos. Seine Mitarbeiter fordert er in regelmäßigen Abständen nach Büroschluss zu Rennen auf der Gokart-Bahn heraus. Zu seinen Hobbys gehören skurrile Dokumentarfilme (in einem Interview mit der *New York Times* nannte er etwa *King of Kong: A Fistful of Quarters*, einen Dokumentarfilm über den Guinnessbuch-Rekordhalter des Videospiels »Donkey Kong«), und Kochshows. ICE spielt für ihn und seine Frau Kelly Loeffler die Rolle eines Ersatzkindes. Sie kümmert sich um die Investoren als Director of Investor Relations, er bastelt an seinen Visionen. »Wir arbeiten die ganze Zeit, und es macht uns Spaß«, erklärte sie einmal in einem Interview.

Gute Miene zum bösen Spiel

Im Dezember 2012 traten Duncan Niederauer, der damalige CEO der New York Stock Exchange, und Jeffrey Sprecher, Chef der ICE, gemeinsam vor die Mikrofone und verkündeten den Verkauf der NYSE an die ICE. In einem Fernsehinterview wurde Sprecher gefragt, was denn nun mit dem Parketthandel, den Händlern dort und überhaupt der NYSE passiere? »Ja, ja«, antwortete Sprecher völlig emotionslos. »Eine gute Marke ist schon was wert. Das ist wie mit Home Depot.[27] Die haben ja auch einen guten Namen.«

Man konnte sehen, dass Niederauer bei diesen Worten um Fassung rang. Sprecher verglich die NYSE, eine der ältesten Institutionen in den USA, mit einer Baumarktkette. Vielsagender und vernichtender hätte Sprecher seine Worte kaum wählen können. Sprecher ging es im Grunde nicht um das Aktiengeschäft der NYSE, denn er hatte es auf Liffe abgesehen, Europas zweitgrößte Derivatebörse. Diese hatte ihrerseits die New York Stock Exchange durch die Fusion mit Euronext erworben. Im Gegensatz zu Aktien bleibt das Derivategeschäft auch nach der Finanzkrise höchst profitabel. Rund 8 Milliarden Euro hatte die NYSE im Jahr 2007 für Euronext gezahlt. 8,2 Milliarden Dollar zahlte Sprecher nun für die NYSE – nahezu den gleichen Preis. Im Klartext: Der Aktienhandel, das »Parkett« und alles, was dazugehört, ist dem Käufer so gut wie nichts mehr wert!

Was aus dem Aktiengeschäft und dem Parketthandel der NYSE wird, ist noch völlig ungewiss. Auch wenn es Lippenbekenntnisse gibt, den »Floor« zu halten. »Der ›Floor‹ hat einen Wert«, wurde Duncan Niederauer in den Wochen danach nicht müde zu wiederholen. »Vor allem hat das ›Parkett‹ einen Markenwert. Wir fühlen uns verpflichtet. Jeff fühlt sich verpflichtet.« Für die Allgemeinheit spielt es keine große Rolle, ob der »Floor« überlebt oder nicht. Aus sentimentalen Gründen wäre es schade, wenn es keine Händler in bunten Jacken, keine Menschentrauben an den Handelsständen bei Börsengängen, keine Pinguine (auch das gab es – zum Börsendebüt der Seaworld-Parks) mehr gäbe oder sich keine Superhelden oder Hollywoodstars wie Sylvester Stallone zum Läuten der Glocke einfänden. Aber da der physische Handel in der Finanzwelt fast bedeutungslos geworden ist, würde ein Ende der Parkettgeschäfte auf den eigentlichen Aktienhandel so gut wie keine Auswirkungen haben.

Anfang Juni 2013 stimmten die Aktionäre der NYSE mit überwältigender Mehrheit für die Übernahme durch die ICE. Duncan Niederauer sagte, er hoffe, dass dies die letzte Aktionärsversammlung der New Yorker Börse als unabhängiges Unternehmen sei. Niederauer war das ganze Hin und Her um die NYSE offenbar leid. Er wird als letzter Chairman der NYSE als eigenständige Institution in die Geschichtsbücher eingehen. Für sein Ego braucht er das nicht, denn er tritt immer bescheiden auf. Er hatte versucht zu retten, was zu retten ist. Doch die Äußerung, er hoffe, es sei die letzte Versammlung, klang bitter. Die NYSE, gegründet 1792 unter dem Buttonwood-Baum, wurde von einer Institution geschluckt, die gerade mal dreizehn Jahre alt war. Tausend Mitarbeiter zählt die ICE, die NYSE beschäftigte über dreimal so viele Menschen. Aber die ICE hatte mit Derivaten und elektronischem Handel auf die Zukunft gesetzt. Die NYSE hatte zu lange an alten Traditionen festgehalten.

Die Händler auf dem »Parkett« wirkten etwas bleich in diesen Tagen. Sie versuchten, gute Miene zum bösen Spiel zu machen. »Ja, so ist das halt«, sagte einer. »Wer weiß, wozu das gut ist«, meinte ein anderer. Dann unterhielten sie sich darüber, wer heute an der Reihe war, das Mittagessen zu bestellen und am Drehkreuz abzuholen.

Der Klub

Vor ein paar Jahren war in Manhattan das Restaurant La Esquina ein echter Geheimtipp. Hinein kamen nur Eingeweihte. Über eine unscheinbare mexikanische Taqueria, dann durch eine getarnte Tür, an der Empfangsdame vorbei, Treppen hinunter, anschließend durch die Küche gelangte man zum dämmrigen Gastraum.

So ähnlich geht es inzwischen beim Aktienhandel zu. Kleinanleger wissen nicht mal, nach welcher Tür sie suchen müssen. Das Geschäft an den Börsen dominieren die globalen Banken, arbitragierende[28] Hedgefonds und Großinvestoren wie Investmentfonds, Pensionskassen und Versicherer. Schlimmer noch, immer mehr Kapital fließt an den öffentlichen Börsen vorbei. Und goldene Gelegenheiten bleiben zunehmend der Finanzelite und ihrer wohlhabenden Klientel vorbehalten. Anfangs versprach die Internetrevolution eine Demokratisierung des Anlagegeschäfts. Dank Internettrading und Onlinebrokern öffneten sich für Normalverdiener plötzlich die Aktienmärkte der Welt. Ein Computer, ein Internetanschluss, ein Konto bei einem Onlinebroker genügten, um dabei zu sein. Und technisch ist das immer noch möglich. Doch es hat sich herausgestellt, dass die Kleinsparer auf einem Markt, der von hochgezüchteten Rechnern und komplexer Algo-Software beherrscht wird, keine Chance mehr haben. Was bleibt ist der indirekte Zugang zu den Aktien über Investmentfonds oder Banken. Das macht die Sache teurer, und vor allem sind die Interessen der professionellen

Geldverwalter und die ihrer Kunden nicht unbedingt immer deckungsgleich.

Wer den Zugang und genügend Berater hat, dem bieten sich hingegen lukrative Gelegenheiten. Es ist kein Zufall, dass die wachsende soziale Ungleichheit mit dem Aufstieg der »One Percent«, der neuen Superreichen, fast zeitgleich mit einer immer exklusiveren Börse und unzugänglicheren Aktienmärkten einherging.

Im 21. Jahrhundert findet der Aktienhandel immer stärker unter Ausschluss der Öffentlichkeit statt. Im Sommer 2012 sorgte eine Firma namens IEX Group für Schlagzeilen. Hinter IEX verbirgt sich Brad Katsuyama. Der 35-Jährige legt sich direkt mit den großen Handelsplätzen der Welt an. Er bietet Kunden, Banken, Hedgefonds oder großen Investmentfonds an, über seine IEX-Systeme Aktien zu kaufen und zu verkaufen. Zu den ersten Interessenten gehörten Goldman Sachs und JP Morgan Chase. Laut dem *Wall Street Journal* zeigten sich prompt über fünfzig institutionelle Kunden von Goldman nicht abgeneigt, diese Möglichkeit zu nutzen – Investmentfonds, Pensionskassen und so weiter. Was ist so besonders an Katsuyamas System? IEX ist eine Plattform außerhalb der traditionellen Handelssysteme. Der Handel soll entschleunigt werden, damit die Bots der ultraschnellen High-Frequency-Händler dort nicht operieren können. Das gilt auch für die Informationen, also die Daten, über die jeweiligen Transaktionen auf IEX und die beteiligten Parteien. Unabhängig von den technischen Details und davon, ob sich Katsuyama durchsetzen kann, ist der Trend eindeutig. Der Handel mit Wertpapieren entzieht sich immer stärker der Öffentlichkeit. Es sind exklusive Klubs entstanden. Kleinanleger müssen leider draußen bleiben.

VIP-Lounges der Finanzmärkte

Es fing mit einer guten Idee an. Doch wie es schon häufig der Fall war, reizt die Wall Street die Spielräume gnadenlos aus. Wenn sich mit etwas Neuem Geld verdienen lässt, dann verleitet das dazu, immer einen Schritt weiter zu gehen – und irgendwann mindestens einen Schritt zu weit. So ist es auch mit den »Dark Pools«.[29] So undurchsichtig und beunruhigend wie der Name klingt, sind auch die Operationen, die dahinterstecken. Aufgekommen sind sie bereits in den 80er-Jahren. Einige institutionelle Investoren wie Pensionskassen und Investmentfonds begannen, sich zusammenzutun, um außerhalb der öffentlichen Börsen große Aktienpakete zu handeln. Damit wollten sie folgendes Problem lösen: Wenn die Großinvestoren einen größeren Kauf- oder Verkaufsauftrag an der Börse auszuführen hatten, konnten sie ihn zwar stückeln, aber es bestand die Gefahr, dass andere Marktteilnehmer diese Absicht entdeckten und diese Information für sich nutzten. Angenommen der Pensionsfonds hat eine große Kaufforder, dann könnte jemand, der das mitbekommen hat, vorher die Aktie kaufen – denn bei der kommenden großen Nachfrage würde der Kurs steigen – und dann gewinnen. Für den Pensionsfonds dagegen wäre das schlecht, weil er zu einem höheren Preis kaufen müsste – mit der enttarnten großen Order würde er sich selbst den Preis kaputt machen. Doch an der Börse muss man mit offenem Visier antreten. Auftraggeber und Auftragnehmer, Stückzahl und Preis sind registriert – und auch nicht geheim. Das macht es für Zocker leichter, solche Großaufträge herauszufinden. Die Alternative war eine außerbörsliche Plattform, auf der sich die Käufer und Verkäufer anonym zusammenfanden. Das hatte den Vorteil, dass diese teils milliardenschweren Fonds nicht den Handel beeinflussten, weil niemand außer den Investoren etwas davon mitbekam. Die beteiligten Parteien wiederum bekamen einen besseren Preis.

Hier ist, anders als an den Börsen, nicht sofort klar, wer mit wem Geschäfte macht. Ganz im Gegenteil, wenn überhaupt, dann wird nach der Transaktion mitgeteilt, wer da was und in welcher Stückzahl ge- oder verkauft hat. Diese Anonymität ist wichtig. Denn die Algorithmen der HFT-Rechner greifen hier nicht. Die Computerformeln brauchen Informationen, mit denen sie gefüttert werden. Sie müssen wissen, wer am Markt tätig ist, was passiert, damit ihre Programme und Lockangebote funktionieren. Bei den Dark Pools tappen sie im Dunkeln. Das ist auch ein Grund, weshalb sich die Dark Pools in den letzten Jahren fast im Gleichschritt mit den High-Frequency-Händlern verbreitet haben. Sie wurden als Abwehrwaffe gegen die HFT-Algos in Stellung gebracht.

Und noch etwas half den Dark Pools. Auch dahinter steckte eine gute Absicht. Die US-Börsenaufsicht SEC führte 2007 eine große Marktreform durch mit dem bürokratisch-kryptischen Namen Reg NMS (Regulation National Market System). Damit öffnete die SEC die Büchse der Pandora. Investoren durften ihre Geschäfte an den Börsen vorbei tätigen, soweit sie eine günstigere Alternative auftrieben. Das öffnete vor allem dem automatiserten Handel Tür und Tor. Vor 2007 machten die Dark Pools 3 bis 5 Prozent der Marktaktivitäten in den USA aus. Heute sind es rund 14 Prozent. Im vergangenen Jahr wurden in den USA über Dark Pools rund 900 Millionen Aktien pro Tag gehandelt – das ist mehr als an der NYSE. Zum Vergleich: Täglich werden an der Frankfurter Börse rund 300 Millionen Aktien und an der Schweizer Börse im Durchschnitt etwa 58 Millionen Aktien gehandelt. In den USA gibt es dreizehn Börsen – aber bereits circa fünfzig Dark Pools. Die »dunklen« Handelsplätze haben Namen wie Luxusautomodelle. Der mit Abstand größte Dark Pool, Crossfinder, wird von der Credit Suisse betrieben. Auf den Plätzen danach folgen Knight Link von der Knight Capital Group, LX von der britischen Barclays, Sigma X von Goldman Sachs und ATS von der Schweizer UBS.

Etwa ein Drittel des Geschäfts läuft mittlerweile an den Börsen vorbei. Anfang 2008 waren das noch etwa 16 Prozent. Die Dark Pools machen von diesem außerbörslichen Geschäft nicht ganz die Hälfte aus. Für die traditionellen Börsen stellt das eine ernsthafte Gefahr dar. Die Handelsvolumina von Aktien sinken ohnehin seit Jahren. Und jetzt kommt auch noch verstärkt Konkurrenz von diesen exklusiven außerbörslichen Klubs für VIP-Investoren hinzu. Als »double whammy«, als doppelten Schlag gegen die Börsen, hat Justin Schack das beschrieben. Schack arbeitet als Partner bei Rosenblatt Securities, einer Firma, die ihr Geld unter anderem mit der Erhebung von Daten über Dark Pools verdient. Im April 2013 kündigte die Credit Suisse an, Firmen wie die Tabb Group oder Rosenblatt nicht mehr mit Daten zu versorgen. Dadurch werden die Dark Pools noch dunkler. Denn zu diesem Zeitpunkt gab es keine Vorschriften, die Dark Pools dazu zu zwingen, Handelsdaten publik zu machen. Opak, lichtundurchlässig, gehört noch zu den freundlichen Begriffen mit denen diese Handelsplätze häufig bezeichnet werden.

Börsen, die der Öffentlichkeit zugänglich sind, unterliegen einer strengen Aufsicht. Das ist bei Dark Pools nicht der Fall. Sie sind weitgehend unreguliert. Den Bademeister in diesen undurchsichtigen Becken stellen die Dark Pools selbst. Wenn die Kunden das Gefühl haben, übers Ohr gehauen zu werden, können sie schnell aussteigen. Das bietet einen gewissen Schutz und dürfte die Betreiber davon abhalten, ihre Position zu missbrauchen.

Aber wie überall gibt es auch hier schwarze Schafe. Im Herbst 2012 wurde der Dark-Pool-Betreiber eBX von der SEC beschuldigt, die vertraulichen Daten der Kunden an Dritte weiterverkauft zu haben – obwohl der Betreiber den Investoren Anonymität zugesichert hatte. Die Daten waren gewiss sehr begehrt am Markt. Wie so oft gab es keine Gerichtsverhandlung: Für 800 000 Dollar einigte sich eBX mit der SEC, und die Klage wurde fallen gelassen. Wie viel eBX mit den Daten verdient hat, ist nicht bekannt.

Unzulässiger Insiderhandel ist eine andere Möglichkeit, die Dark Pools für kriminelle Aktivitäten zu nutzen. Es könnten Daten verkauft oder genutzt werden, die der Öffentlichkeit nicht bekannt sind. Es besteht auch die Gefahr der Marktmanipulation. Anfang 2012 wurde in London die Day-Trading-Firma Swift Trade zu einer Strafe von umgerechnet rund 9 Millionen Euro verdonnert. Swift soll zahlreiche Orders abgegeben haben, die dann jeweils buchstäblich in Sekundenschnelle wieder zurückgezogen wurden. Mit dem Order-Schnellfeuer sollten die Aktienkurse an der Londoner Börse in die gewünschte Richtung getrieben werden. Im Trader-Jargon heißt das »Layering«. Ein solches Layering könnte auch bei den Dark Pools zu unfairen Preisen missbraucht werden.

Das ist einer der zentralen Streitpunkte, wenn es um Dark Pools geht. Die Preisfindung findet bewusst im stockdüsteren Raum statt. Von einer transparenten Preisfindung, die jeder nachvollziehen kann, fehlt jede Spur. Die Regulierer wollen nun Licht ins Dunkel bringen. Doch wie so häufig haben die Beamten Schwierigkeiten, mit der Entwicklung der Finanzmärkte Schritt zu halten. Gut bezahlte Lobbyisten in Washington und begrenzte Budgets der Behörden erschweren zusätzlich eine sinnvolle Regulierung. Ganz so geheim scheinen die Dark Pools seit geraumer Zeit auch nicht mehr zu operieren. Die High-Frequency-Trader versuchen, sich Zugang zu den Dark Pools zu verschaffen. Und die Dark Pools wiederum setzen vestärkt auf die Liquidiät, die Menge an Orden, die die Schnellfeuerhändler mitbringen. Denkbar ist auch, dass die High-Frequency-Trader ihren Zeit- und Wissensvorsprung auf dem offenen Markt nutzen, um damit Geschäfte in den Dark Pools abzuwickeln. Vieles bleibt Grauzone. Nach der Finanzkrise wurde große Transparenz gefordert. Die Realität sieht jedoch anders aus.

Ende 2012 klagte Joseph Mecane, der Aktienchef der NYSE, bei einer Anhörung des US-Senats darüber, dass die wachsende Zahl der Dark Pools auf Kosten der Qualität der öffentlichen Märkte und Börsen gehe. Vor allem sehe er die Gefahr, dass sich Großinvestoren dank der Dark Pools einen Vorteil gegenüber den Kleinanlegern verschaffen könnten. Und was machen die Börsen jetzt? Die New York Stock Exchange hat inzwischen einen Feldversuch gestartet: Unter dem Namen Retail Liquidity Program hat die Börse ihren eigenen Dark Pool kreiert. Die Börsenaufsicht SEC gab dafür grünes Licht. Auf dieser speziellen Plattform können die Handelsfirmen unter Ausschluss der Öffentlichkeit zum besten Preis bieten. Die NYSE ließ dazu verlauten: Um wettbewerbsfähig zu bleiben, müsse man sich halt bewegen.

Auf eigene Rechnung und eigenes Risiko

Nach der Finanzkrise schienen sie plötzlich überall aufzutauchen: die »Prop Shops« – selbstständige Händler, die auf eigene Rechnung und eigenes Risiko zocken. Die vollständige Bezeichnung Proprietary Trading Operation verwendet an der Wall Street allerdings niemand, denn in der Zeit, in der man sie ausspricht, kann man ganze Aktienpakete kaufen und wieder verkaufen. Die Prop Shops handeln in aller Regel elektronisch, viele sind High-Frequency-Händler und selbst an der Wall Street nur Insidern bekannt. Meist sind es kleinere Firmen mit Namen wie Hudson River Trading oder Belvedere Trading. Sie sitzen in unauffälligen Büros, schwerpunktmäßig in New York und Chicago. Im Unterschied zum Hedgefonds setzen die Prop Trader ausschließlich ihr eigenes Kapital ein. Das hat den Vorteil, dass die Prop Shops kaum mit Aufsehern zu tun haben, denn sie sind ja keinem Investor verpflichtet, der ihnen Geld anvertraut hat. Um die Interessen von Anlegern zu schützen, die etwa in einen Investmentfonds oder einen Hedgefonds investiert haben, muss man viele Regeln beachten. Damit müssen sich die freien Prop Trader nicht herumschlagen. Hier laufen keine Orderaufträge von Kunden ein.

Nach der Finanzkrise bekamen die Prop Shops kräftig Zulauf. Denn Banken sollte es nicht mehr länger erlaubt sein, mit eigenem Kapital an den Märkten zu spielen – und sich dabei womöglich zu verzocken – siehe Lehman Brothers – und das Finanzsystem zu gefährden. Mittels der »Volcker Rule«, benannt nach dem ehemaligen US-Notenbankchef Paul Volcker, sollte den großen Finanzinstituten das Spekulieren mit den eigenen Mitteln auf ein Minimum reduziert oder zumindest deutlich erschwert werden. Diese Regel war im Sommer 2013 allerdings noch immer nicht umgesetzt. Dennoch bauten die Banken die sogenannten Proprietary-Trading-Abteilungen radikal ab. Das löste eine Renaissance der Prop Shops aus. Viele Händler stellten sich die Frage: Bleibe ich bei der Bank und verdiene weniger, oder mache ich meinen eigenen Laden auf. Der Psychologe Brett Steenbarger, der Bücher zum Thema Händlerverhalten geschrieben hat, fasst den Modus Operandi der Prop-Händler so zusammen: »You eat what you kill.« Das bedeutet, die Trader zocken mit dem eigenen Geld und behalten entsprechend den Gewinn für sich. Prop-Trader arbeiten entweder für kleine Firmen oder mieten sich irgendwo ein und zahlen für die Infrastruktur. Wer 10 000 bis 20 000 Dollar an Grundkapital mitbringt und nachts auch dann ruhig schlafen kann, wenn er das Vielfache tagsüber verloren hat, der ist hier an der richtigen Stelle.

Die Prop Shops sind eine weitere Blüte, die die Finanzmärkte getrieben haben. Es sind Profis, für die Aktien, Derivate, Rohstoffe oder Währungen nur Blips – kurz aufflackernde Signale – auf ihrem Computerschirm bedeuten. Mit den einstigen Spezialisten auf dem »Parkett« der New York Stock Exchange, die sich trotz all ihrer Schwächen und Eigeninteressen doch immer mitverantwortlich für »ihre« Unternehmen fühlten, haben diese modernen Trader keine große Gemeinsamkeit. Mit Investitionen in Unternehmen, Staat oder Volkswirtschaft hat ihr Tun wenig zu tun. Abgesehen von den steigenden Umsätzen im Meatpacking District, wo man etwa auf dem Dach des Gansevoort Hotels irgendeinen Grey-Goose-Cocktail schlürfend den Nachthimmel oder die Badenixen im Pool beobachten kann.

Wer Zeitschriften durchblättert oder sich durch Webseiten klickt, dem ist vielleicht schon einmal Werbung für ein Produkt namens ETF – Exchange Traded Funds – aufgefallen. »Günstig, transparent und einfach«, wirbt etwa BlackRock für die iShares, einer der führenden Anbieter von ETF. Das mag aus Sicht eines einzelnen Anteilseigners so sein. Doch die börsennotierten Fonds sind keineswegs so simpel wie das suggeriert wird. Es handelt sich letztlich um Derivate, deren Wert sich aus den jeweils zugrunde liegenden Aktien ableitet – so wie der Wert der inzwischen berüchtigten Hypothekenpapiere auf den Darlehen an Hausbesitzer basiert. ETFs sind in den vergangenen Jahren zum Bestseller geworden, sie sind eines der erfolgreichsten Finanzprodukte. Im täglichen amerikanischen Wertpapierhandel machen ETFs inzwischen mindestens ein Drittel aus, schätzten die Analysten der Credit Suisse. Manche Beobachter nehmen sogar an, dass bis zur Hälfte aller Transaktionen auf ETFs zurückzuführen seien. ETFs gibt es schon seit den frühen 90er-Jahren. Doch der Durchbruch kam erst in der jüngsten Vergangenheit. Von 2007 bis Anfang 2012 hat sich das Geschäft mit den Indexpapieren mehr als verdoppelt.

ETFs gibt es in mehr Arten, als es Sorten in einer gut sortierten italienschen Eisdiele gibt: auf Gold, auf Biomedizin, auf Schwellenländer und vieles mehr. Die gängigsten bilden bekannte Aktienindizes nach – das kann der S&P 500 Index, der Dow Jones oder der NASDAQ 100 sein. Die ETFs sind wie Waschkörbe, in denen die betreffenden Aktien, die zu dem Index gehören, zusammengenfasst werden. Und der ETF-Herausgeber verkauft Anteile an dem »Waschkorb« voller Aktien an Anleger. Ein großer Unterschied zu traditionellen Investmentfonds besteht darin, dass ETFs wie Aktien jederzeit gehandelt werden. Das bedeutet, den ganzen Handelstag über werden diese ETFs ge- und verkauft. Bei den Investmentfonds ist das nicht der Fall. Wer hier einsteigen will, der kann das jeweils nur zum Tagesschlusskurs tun. Zu den Vorteilen von ETFs zählt, dass die Gebühren günstig sind. Wer in einen klassischen Fonds investiert, der muss deutlich mehr für die Betreuung zahlen.

Hier geht es aber nicht um den Sinn von ETFs für den individuellen Anleger, sondern um deren Auswirkungen auf die Börsen. Die Aktienkörbe werden gerne von Hedgefonds und High-Frequency-Tradern, jenen ultraschnellen Zockern, eingesetzt. Einzelne, vor allem kleinere Unternehmen drohen dadurch zum Spielball der Großen zu werden. Selbst wenn ein mittleres oder kleineres Unternehmen, dessen Aktien stark in ETF eingesetzt werden, gute Ergebnisse meldet oder ein vielversprechendes Produkt ankündigt – den Kurs wird das kaum bewegen: Die ETF-Zocker schauen sich die einzelnen Komponenten nicht an. Wie einem kleinem Boot auf dem riesigen ETF-Ozean würde es kleinen Unternehmen ergehen, mahnen Kritiker.

Zu den lautstärksten Gegnern zählt Harold Bradley, der für eine Stiftung in Kansas City zuständig ist und entsprechend Investitionsentscheidungen treffen muss. Vor einem Senatsausschuss in Washington versuchte Bradley, gegen ETFs zu mobilisieren. Die starken Marktschwankungen, die mit dem eigenen Unternehmen häufig nichts mehr zu tun haben, könnten auch Firmen davon abhalten, sich überhaupt über den Aktienmarkt Kapital zu beschaffen. Das wiederum schadet der Volkswirtschaft.

Kritik kommt auch aus den eigenen Reihen. Jack Bogle ist der Gründer von Vanguard. 1975 hatte er die Investmentfirma gegründet. Er gehörte zu den Wegbereitern der Indexfonds, bei denen es keinen Manager gibt und die lediglich verschiedene Indizes nachbilden. Bis Mitte der 70er-Jahre war es üblich, dass nur Institutionen wie Pensionskassen in Indizes investieren durften. Bogle ebnete den Weg, dass auch individuelle Investoren auf einen Index setzen konnten. 1999 ging Bogle in den Ruhestand. In seinem 2007 erschienenen Buch *The Little Book of Common Sense Investing* schrieb der Mann, der Indexfonds einst groß machte, ETFs seien ein Verrat an den klassischen Indexfonds. Sie würden Investoren dazu verleiten, ständig zu handeln. Aber genau das widerspreche dem eigentlichen Sinn, in einen Index zu investieren, denn dahinter stecke doch die Philosophie, eine langfristige Investition zu tätigen.

Auch die High-Frequency-Rechner haben sich längst auf die ETFs eingeschossen. Wie Aktien können auch ETFs »geshortet«

werden, das heißt, es können Wetten auf fallende Kurse abgeschlossen werden. Regulierer befürchten, dass in einem ungünstigen Umfeld, die Situation außer Kontrolle geraten könnte. Bei ETFs sind es dann eben nicht nur einzelne Aktien, sondern ganze Indizes, die wegbrechen könnten. Durch ETFs fallen Marktbewegungen in sämtliche Richtungen extremer aus. Und die Bots bringen eine weitere, schwer berechenbare Variable ins Spiel.

»Private Placements« / Hinterzimmerdeals

Der Börsengang war einst das Ziel für Start-ups. War das Unternehmen etabliert, konnte es den Aktionären verkauft werden. Doch das hat sich grundlegend geändert. Ausgerechnet die erfolgreichsten neuen Unternehmen wie Google und Facebook bleiben den Börsen jedoch so lange fern, wie es eben geht. Twitter zierte sich trotz einer Bewertung von rund 10 Milliarden Dollar bis zum Herbst 2013 noch immer, an die Börse zu gehen. Sie haben eine diskretere Art der Finanzierung gefunden: »Private Placements«, Hinterzimmerdeals, haben in den vergangenen Jahren fast mit den klassischen Börsengängen gleichgezogen. Bei »Private Placements« kaufen einige Großinvestoren Anteile von Unternehmen, die noch nicht an der Börse notiert sind. Häufig müssen sich diese frühen Investoren darauf einlassen, die Anteile für einen längeren Zeitraum nicht zu verkaufen. Das ist ein Risiko, denn nur aus wenigen guten Ideen wird auch eine Geldquelle. Deshalb sind es überwiegend Hedgefonds, Großbanken und wohlhabende Privatiers, die sich eine solche Investition leisten können und auch bei einem Totalausfall nicht um ihre Existenz bangen müssen. Andererseits locken gewaltige Gewinne, wenn sich der Erfolg einstellt. Das ist der Jetset der Investoren –

das »smart money«, im Gegensatz zum Gros der Anleger, das an der Wall Street so gerne als »dumb money« bezeichnet wird.

Was haben Unternehmen davon, sich in die Hände von wenigen Großinvestoren zu begeben, statt die Aktien über den freien Markt laufen zu lassen? Konzernlenker wie Henry Ford II hatten sich zu ihrer Zeit ausdrücklich gegen die Abhängigkeit von wenigen Großinvestoren und für die Börse mit unzähligen Investoren entschieden. Es gibt einen juristischen Grund dafür: Unternehmen, die weniger als 499 Investoren haben, unterliegen nicht den Offenlegungsbestimmungen der Börsenaufsicht SEC. Diese Anteile werden dennoch in vielen Fällen durchaus gehandelt, allerdings auf Marktplätzen, zu denen nur Insider Zugang haben. Die Aufsicht ist dort, sagen wir, freundlich. In den vergangenen Jahren hat sich so eine konkurrierende Infrastruktur neben den Börsen mit ihren starken Regulierungen und häufig hohen Kosten für Anwälte und Wirtschaftsprüfer sowie fälligen Börsengebühren gebildet. Es gibt verschiedene Formen von Private Placements. Venture-Capital-Firmen setzen sie ein, um Kapital für Start-ups zu beschaffen. Banken kreieren »Zubringer«, sogenannte Feeder Funds oder SPV (Special-Purpose Vehicles), um wohlhabenden Kunden über diese Geldpools den Zugang zu den vielversprechenden Jungunternehmen zu ermöglichen.

Wahr ist aber auch: Nicht nur die VIP-Investoren wollen unter sich bleiben: Immer weniger Unternehmen wollen zum Spielball der Dark Pools oder der Bots der HFT-Trader werden. Auch aus diesem Grund zögern immer mehr Unternehmen, sich an den Börsen notieren zu lassen. Über Börsengänge sollen Sparer eigentlich die Gelegenheit bekommen, in eine Idee zu investieren – und die Unternehmen entsprechend die Möglichkeit, das Kapital für ihre Pläne zu beschaffen. Das gilt heute aber nur noch in den seltensten Fällen. Vor allem bei besonders Erfolg versprechenden Firmen kommen normale Anleger kaum noch zum Zug – oder dienen nur noch als »Exitstrategie« für das »smart money«: Das heißt, das Unternehmen wird erst dann an die Börse gebracht, wenn die Erstinvestoren ihre Anteile endlich losschlagen und ihre Gewinne in harten Cash umsetzen wollen.

Die Folgen der Börsenscheu und der Cliquenwirtschaft der »Private Placements« VIPs hat kaum ein Unternehmen so gut aufgezeigt wie Facebook.

Facebook und der missratene Börsengang

»Liebe normale Anleger, ihr seid mir so was von egal!« Das waren nicht die direkten Worte von Mark Zuckerberg, aber in diesem Sinne präsentierte sich der Gründer von Facebook im Mai wenige Tage vor dem bevorstehenden Börsengang. Zuckerberg schien nie sonderlich daran interessiert, sein Unternehmen an die Börse zu bringen, obwohl es zu einem milliardenschweren Internetgiganten herangewachsen war. Im Mai 2012 kam der Facebook-Gründer und Vorstandsvorsitzende dann für eine »Road Show« nach New York. Bei diesen Werbetouren ziehen die Vertreter des debütierenden Unternehmens quer durch die USA, manchmal reisen sie sogar in andere Länder, erzählen den Investoren von ihren Plänen und hoffen, damit Aufmerksamkeit und Nachfrage für ihre Aktien zu erzeugen.

Über fünfhundert Fondsmanager, Banker und private Anleger hatten sich zum Auftritt Zuckerbergs erwartungsvoll im Ballsaal des Sheraton in Manhattan versammelt. Dort sollten der junge CEO und seine Topmanager ihnen noch einmal Facebook nahebringen und Fragen beantworten. Doch Zuckerberg ließ warten. Als er seine geplante Rede halten sollte, entschuldigte ihn

Finanzchef David Ebersman: Der Chef sei auf der Toilette. Dann kam endlich Zuckerbergs Auftritt: in Jeans, Turnschuhen, Kapuzenpulli. So casual gekleidet hat wohl noch niemand die Hand nach so viel Geld aufgehalten. Nach 25 Minuten erklärte die Facebook-Mannschaft die Vorstellung für beendet, verschwand durch die Hintertür und brauste in einem Cadillac Escalade davon. Die Wall Street schäumte. Noch nie hatte jemand sie so abblitzen lassen.

Was sollte also diese ganze Aktion? Einen Anteil an der »Ihr könnt mich mal«-Haltung hatte sicher die Tatsache, dass Zuckerberg die neuen Aktionäre nicht dringend brauchte. Bisher war er mit Private Placements gut gefahren. Peter Thiel etwa, der Mitgründer des elektronischen Bezahldienstes PayPal, stieg bereits 2004 als privater Investor bei ihm ein. Rund 500 000 Dollar steckte er in das Social-Media-Projekt. Nach dem Börsengang, acht Jahre später, lag der Wert von Thiels Investition bei rund einer Milliarde Dollar. Auch Goldman Sachs gehörte zu den frühen Geldgebern. Zig Milliarden Dollar sammelte Facebook so über die Jahre ein, ohne sich den lästigen Börsenregeln, vierteljährlichen Quartalsberichten und nervigen Aktionärstreffen aussetzen zu müssen.

Doch Facebook wurde schlicht und einfach zu groß und hatte zu viele Investoren. Laut Börsenvorschrift müssen Unternehmen, deren Investoren eine gewisse Anzahl übersteigen, dieselben Regeln einhalten wie börsennotierte Unternehmen. Und das galt im Frühjahr 2012 auch für Facebook. Mark Zuckerberg stellte sicher, dass er 57 Prozent der Stimmrechte an Facebook behielt. Sein Credo: Facebook bietet keinen Service, um Geld zu machen, sondern braucht das Geld, um den Service zu verbessern. Es sei nicht die Mission von Facebook, ein öffentlich gehandeltes Unternehmen zu sein, sagte er wenige Minuten vor dem Börsengang. Facebook sei ein soziales Netzwerk, das Menschen mit ihren Freunden, Arbeitskollegen, Kommilitonen und anderen Mitmenschen verbindet, es setze sich für eine offenere und verbundenere Welt ein. Das klingt grundsätzlich nicht verwerflich. Doch Facebook sollte ein krasses Beispiel dafür werden, wie Gewinne aus Innovationen einem ausgewählten exklusiven Kreis vorbehalten bleiben.

Der Börsengang von Facebook am 18. Mai 2012 war ein Desaster. Daran war nicht Facebook schuld. In den Monaten zuvor hatten sich die Börsen einen heftigen Kampf um die Emission der heißesten Internetaktie seit dem Dotcom-Boom Ende der 90er-Jahre geliefert. Mark Zuckerberg entschied sich für die NASDAQ. Der Medien-Hype erinnerte an den Rausch der 90er-Jahre. Dutzende Kamerateams standen vor dem Showroom der NASDAQ am Times Square Schlange. Jeder wollte Zuckerberg interviewen, jeder wollte dabei sein. Zuckerberg selbst war aber gar nicht vor Ort. Früher waren die Unternehmenschefs für den großen Auftritt nach New York gereist. Der Facebook-Chef ließ dagegen Börsenchef Robert Greifeld zum Firmensitz in Menlo Park in Kalifornien anreisen. Dort durfte er bei einer Liveübertragung der Handelseröffnung zugegen sein. Steif und irgendwie fehl am Platz stand der 55-jährige NASDAQ-Chef im grauen Poloshirt dann neben dem gerade 28-jährigen Zuckerberg und seiner Silicon Valley Crowd. Dort musste Greifeld dann hilflos mit ansehen, wie seine Technologiebörse den wohl peinlichsten Ausrutscher ihrer Geschichte hinlegte. Üblicherweise startet der Handel einer neuen Aktie kurz nach Börsenstart um 9:30 Uhr New Yorker Ortszeit. Doch die erste Facebook-Aktie wechselte erst um 11:30 Uhr ihren Besitzer. Das war nicht die einzige Panne. Die NASDAQ-Systeme funktionierten nicht. Investoren wussten stundenlang nicht, ob ihre Kauforder durchgegangen war oder nicht. So orderten viele doppelt, um später wieder zu stornieren. Es war ein heilloses Chaos. Greifeld räumte später indirekt ein, eine gewisse Überheblichkeit habe mitgespielt: Die Verantwortlichen der NASDAQ waren sich zu sicher, dass die Systeme funktionieren würden. (Facebook überlegte angeblich sogar, einen Wechsel vorzunehmen und mit den Aktien an die New York Stock Exchange umzuziehen. Dort herrschte eine schwer zu verheimlichende Schadenfreude.) Die heillose Verwirrung schadete Facebook. Es kamen immer mehr Zweifel auf, auch am Geschäftsmodell. Für 38 Dollar ging die Aktie am 18. Mai an den Start, innerhalb weniger Wochen rutschte der Kurs auf 18 Dollar ab.

Doch die Insider hatten bereits Kasse gemacht. Wie bei Börsengängen üblich gab es eine Stillhaltephase. Das bedeutet, Großinvestoren mussten bestimmte Fristen abwarten, bevor sie ihre Aktienpakete abstoßen durften. Doch dann kam die große Welle. Bereits am 16. August 2012 endete die erste Sperrfrist, also lediglich neunzig Tage nach dem Börsengang. Rund 270 Millionen Aktien durften die Frühinvestoren verkaufen. Und prompt fingen diese an, im großen Stil Facebook-Aktien auf den Markt zu werfen. Allen voran Peter Thiel. Innerhalb von drei Monaten nach dem Börsengang stieß Thiel einen Großteil seiner Facebook-Aktien ab. Die Aktie von Facebook geriet ins Trudeln – und das ganze Unternehmen weckte Zweifel. Angeheizt wurde die negative Stimmung nicht zuletzt durch die Verkaufswelle der Insider. Wenn die es so eilig hatten auszusteigen, dann musste doch etwas an der Sache faul sein. So dachten viele Anleger und mieden die Aktie.

Doch für die Insider war es ein voller Erfolg. Wer waren die großen Kassierer? Etwa Peter Thiel. Der Silicon-Valley-Promi wurde in Deutschland geboren. Bereits wenige Monate nach seiner Geburt zog die Familie um in die USA. Berühmt wurde Thiel durch die Mitgründung von PayPal. Der elektronische Bezahldienst gilt bis heute als das Herzstück von eBay, dem Internetauktionshaus. In einem Interview schwärmte Thiel davon, wie visionär Mark Zuckerberg sei. Im Juli 2006 bot der kriselnde Internetpionier Yahoo rund eine Milliarde Dollar für Facebook. Das war rund sechs Jahre vor dem Börsengang. Thiel, der damals bereits im Aufsichtsrat von Facebook saß, und ein weiterer Geldgeber, der Risikokapitalanleger Jim Breyer, waren Feuer und Flamme. Eine Milliarde Dollar – das ist eine Menge Geld. Zuckerberg sei laut Thiel damals zu dem Meeting gekommen und habe gesagt, länger als zehn Minuten würde die Sitzung wohl nicht dauern. Natürlich werde man ablehnen. Thiel und Breyer sahen das anders. Eine Milliarde Dollar! Was solle er denn mit dem Geld anfangen, soll Zuckerberg gesagt haben. Solle er verkaufen und dann eine andere Social-Media-Plattform aufbauen? Er möge seine jetzige. Also wurde nicht verkauft. Und sechs Jahre später hatte sich der Firmenwert verhundertfacht.

Thiel profitierte von Zuckerbergs Hartnäckigkeit. Einen Teil seines Vermögens investierte Thiel 2012 in den Wahlkampf des republikanischen Präsidentschaftskandidaten Ron Paul, der unter anderem die Abschaffung der Notenbank und ein drastisches Zurückfahren des Staates forderte. Thiel selbst wetterte gegen das amerikanische Bildungssystem. Er bot College-Studenten an, ihnen mit je 100 000 Dollar Startkapital unter die Arme zu greifen, wenn sie ihr Studium aufgeben würden. Damit wollte er kundtun, dass eine gute Idee schneller zum Erfolg führen kann als langwierige Studien. Er selbst war dafür allerdings kein gutes Beispiel: Thiel studierte Philosophie und Jura an der elitären Stanford University, bevor er einige Jahre als Derivatehändler für die Credit Suisse arbeitete.

Neben Thiel gehörten Jim Breyer und die Risikokapital-Beteiligungsgesellschaft Accel Partners zu den großen Abräumern: Rund 2 Milliarden Dollar erhielten sie durch den Börsengang. Die Investmentbank Goldman Sachs, ebenfalls seit den Anfängen dabei, machte rund eine Milliarde Dollar Profit. Für sie war das Engagement nicht ohne Pannen abgegangen. Als sich die Gerüchte um einen bevorstehenden Börsengang verdichteten, hatten die Banker versucht, über einen cleveren Umweg einer bevorzugten Klientel noch Facebook-Anteile zuzuschanzen. Sie hatten einen Fonds mit den Aktien gestartet, an dem sich ihre besten Kunden – Konzernlenker, Aufsichtsräte und andere Magnaten – beteiligen konnten. Doch der Plan vom Sonderangebot sickerte an die Presse durch, und die SEC wurde darauf aufmerksam. So kurz nach der Finanzkrise sahen Regulierer eine solche potenzielle Umgehung der Wertpapiergesetze scheel an. Vor allem aber sorgte dies nicht gerade für eine gute Presse. Goldman Sachs sah sich gezwungen, den Facebook-Deal nur noch Ausländern anzubieten.

Die Insider profitierten von all der Spekulation vor dem eigentlichen Börsengang. Auf den Handelsplätzen, auf denen die Facebook-Aktie außerbörslich gehandelt wurde, schoss der Wert von 30 Milliarden Dollar im Jahr 2010 in nur zwei Jahren auf 60 Milliarden Dollar. Das wiederum heizte den Kurs vor dem Börsengang erst richtig an. Denn der außerbörsliche Kurs bildete die Grundlage für den Einstiegspreis beim Debüt. Eine mehr als erfreuliche Entwicklung für die Insider, die nur noch bis zu diesem Tag warten mussten, um ihren »Krug Jahrgangschampagner« zu entkorken!

Der Marktwert von Facebook übersprang mit dem Börsengang dann die 100-Milliarden-Dollarmarke. Die VIP-Investoren machten wie gesagt Milliarden gut. Die Anleger, die erst nach dem 18. Mai 2012 an der Börse einstiegen, hatten dagegen keine Chance: Die großen Gewinne aus einem der innovativsten Unternehmen unserer Zeit hatten die anderen schon abgeräumt. Für das »dumb money« blieb vor allem das Risiko.

Wall Street 4.0: Der Mensch wird abgehängt

An den Hollywoodstreifen *A.I.* erinnert sich heute kaum noch jemand. Anders als *E.T.* wurde dieser Science-Fiction-Film von Steven Spielberg aus dem Jahr 2001 nie zu einem nachhaltigen Hit. Vielleicht lag es am komplizierten Thema: A.I. ist das Kürzel für »Artificial Intelligence«, künstliche Intelligenz. Im Mittelpunkt des Films steht denn auch ein Roboter, der nicht nur denken, sondern auch fühlen kann – eine Kombination, die zuweilen zu dramatischen Ereignissen führen kann. Vielleicht kam Spielbergs Film schlicht zu früh. Heute ist künstliche Intelligenz ein Thema mit zunehmender Bedeutung, das keineswegs nur SF-Fans begeistert. Die Diskussion über künstliche Intelligenz findet seit einiger Zeit auch an der Wall Street statt. Die Nerds und Quants, die mit ihren Programmierkünsten und vor allem ihrem Denken immer mehr Einfluss erhalten, haben dafür gesorgt. Auch der Begriff »Singularity« kommt in den einschlägigen Blogs und Foren immer häufiger vor.

Diesen Begriff prägte maßgeblich Ray Kurzweil, den das *Time*-Magazin einmal als einen schrägen Typen bezeichnete. Er könne als Woody Allens kleiner Bruder durchgehen, nur sei er angeblich noch eigenartiger. Bei einer Veranstaltung in New York beschreibt Kurzweil, der hundertfünfzig Tabletten am Tag schluckt, die sein Leben verlängern sollen, seine Theorie, dass das Hirn als eine Hierarchie von Mustern begriffen werden kann. Demnach sei es möglich, die Hirnfunktion künstlich nachzubilden. Damit setze der nächste Schritt der Evolution des Menschen ein. Ihn als Spinner abzutun wäre falsch. Kurzweil ist ein erfolgreicher Erfinder, Professor und Futurist. Mit fünfzehn schrieb er sein erstes Computerprogramm. Das war 1963, also lange bevor Computer zum Alltag gehörten. Seine jüdischen Eltern – der Vater war Musiker und Komponist, die Mutter Künstlerin – waren kurz vor dem Zweiten Weltkrieg aus Österreich geflohen. Ray Kurzweil wuchs im New Yorker Arbeiterviertel Queens auf. Mit siebzehn Jahren nahm er an der Fernsehshow »I've Got a Secret« teil, dem amerikanischen Pendant zu der ehemaligen von Robert Lembke moderierten ARD-Quizsendung »Was bin ich?«. In der US-Show musste eine Jury ein Geheimnis erraten. Kurzweil hatte einen Computer entwickelt, der selbstständig Klavierstücke komponierte. Er entwickelte auch die erste Maschine, die für Blinde gedruckte Worte in gesprochene Sprache überträgt. Popstar Stevie Wonder war einer seiner ersten Kunden. Kurzweil ist unter anderem Googles Innovationszar als Director of Engineering. Heute noch unterliegt er der Faszination, die Grenzen zwischen künstlicher und menschlicher Intelligenz zu erforschen. 2008 gründete er mit Partnern wie Cisco, Nokia und Google die Singularity University auf dem Campus der Raumfahrtbehörde NASA im Silicon Valley, damit die großen Herausforderungen für die Menschheit erforscht werden, die der technologische Wandel mit sich bringt.

Kurzweils Kernthese: Maschinen werden den Menschen spätestens im Jahr 2045 überholen – mit etwa der milliardenfachen Kapazität eines menschlichen Gehirns – und diese grundlegend verändern. (Das will der 65-Jährige unbedingt miterleben. Falls er vorher das Zeitliche segnet, wird er sich bis dahin einfrieren lassen.) Durch das Einbauen von Maschinenfunktionen werden Menschen verbessert. Als ein Beispiel nennt er Nanobots, die im

Körper das Immunsystem ankurbeln oder Krebszellen eliminieren werden.

Das klingt eher nach einem Drehbuch für einen Science-Fiction-Film à la Spielberg. Doch Kurzweils Einfluss wächst. Auf der Veranstaltung in New York warteten denn auch nicht nur viele Fans auf ihren Meister, auch viele Finanziers mischten sich unter die Kapuzenshirtträger – leicht erkennbar an Anzug, Krawatte und Aktenkoffer. »Haben wir finanzielle Singularity erreicht?«, wurde besorgt in dem Wall-Street-Blog Financial Addict gefragt.

Keine Branche hat in so kurzer Zeit einen so hohen Automatisierungsgrad erreicht wie die Finanzmärkte. Bis vor Kurzem wechselte Geld nur den Besitzer zwischen Menschen oder Organisationen. Doch heute erleben wir, dass Computer zunehmend Menschen bei Finanztransaktionen ersetzen. Denn sie sind effizienter und können manche komplexe Aufgaben besser lösen. Auf vielen Ebenen treffen sie bereits autonom Entscheidungen. Die »smarten« Bots sind nicht nur dabei, den Handel zu übernehmen, auch bei den Investmentbanken findet eine digitale Revolution statt. Manche Funktionen, die bisher ein Mitarbeiter ausübte, werden inzwischen von der Software übernommen. »Goldman feuert Mitarbeiter, die durch Technologie ersetzt werden können«, lautete die Schlagzeile einer Geschichte der Nachrichtenagentur Reuters schon 2012. Informationstechnologie ist ein integraler Bestandteil moderner Finanzinstitute geworden. Banken wie Goldman, JP Morgan und HSBC liefern sich einen harten Konkurrenzkampf mit Google, Microsoft & Co, um Tech-Talente anzulocken.

Ein wichtiges Einsatzgebiet für die Technikfreaks ist das Risikomanagement. Sie erstellen Computermodelle, mit denen die Banken ihr Risiko kalkulieren. Die Modelle funktionieren wie eine Instrumententafel bei einem Kernkraftwerk. Die Finanzinstitute agieren heute weltweit, auf Hunderten von Märkten, mit Tausenden von Wertpapieren im Wert von Milliarden Dollar oder Euro. Doch selbst die Technikfreaks sind von der Komplexität des Systems manchmal offenbar überfordert – wie beim »Wal« von London.

Im Frühjahr 2012 waren Gerüchte über JP Morgan Chase in Umlauf. Ein Londoner Händler der größten US-Bank habe sich verspekuliert. Sie nannten ihn den »Wal«, weil er eine so große Position in einem Kreditderivat aufgebaut und schließlich den Rest der Marktteilnehmer verdrängt hatte – wie ein Wal in der Badewanne. Gemeint war Bruno Michel Iksil. Manche verglichen ihn auch mit Lord Voldemort, dem mächtigen Gegenspieler von Harry Potter in der gleichnamigen Romanreihe von Joanne K. Rowling. Beide Bezeichnungen bezogen sich auf Iksils Einfluss an den Märkten. Der gebürtige Franzose pendelte zwischen Paris und London. In der britischen Finanzmetropole arbeitete er für JP Morgan als Händler für das eigene Kapital der Bank, nicht für Kundengelder. An sich ist das eine Abteilung, die den Cash der Bank schützen und keine Spekulationen betreiben sollte. Dennoch hatte Iksil der Abteilung laut Berichten jedes Jahr etwa rund 100 Millionen Dollar eingespielt. Dagegen wehrte sich offenbar niemand – und vielleicht war das der Anreiz für Iksil weiterzumachen. Er hatte derart gewaltige Positionen aufgebaut, dass sich die Finanzgemeinde fragte, warum der Super-Trader einen solchen Anfängerfehler machen konnte. Die Bombe platzte am 6. April 2012. Da titelte das *Wall Street Journal:* »London Whale Rattles Debt Market« (Der Londoner Wal rüttelt die Kreditmärkte auf). Der »Wal« war gestrandet.

Letztlich kostete es die Bank 6,2 Milliarden Dollar. Jamie Dimon, der selbstbewusste CEO von JP Morgan, versicherte in einem Interview mit dem *New York Magazine:* »Der Wal ist harpuniert, zerlegt und eingeäschert.« Doch das Beunruhigende an dem »Wal« waren nicht die 6 Milliarden, sondern die Tatsache, dass JP Morgans Risikomanagement bei den Aktivitäten des »Wals« nicht Alarm geschlagen hatte. JP Morgan entwickelte in den 90er-Jahren eine Methode, um Risiko messbar zu machen. Beim Value-at-Risk-System (VaR) werden alle offenen Handelspositionen der Bank analysiert. Per Computermodell wird eine Prognose gestellt, wie hoch der maximale potenzielle Tagesverlust ausfiele, wenn die Position sich als Fehler erweisen sollte. Das System basiert auf Erfahrungswerten und Wahrscheinlichkeitsrechnungen und schien eine einfache Antwort auf eine Menge komplexer Fragen zu sein. Es wurde schnell zum Standardrisikomaß im Finanzsektor, und auch Regulierern gefiel das Konzept.

Doch Kritiker warnen, denn viele Risiken in der heutigen Hochfinanz lassen sich nicht per Normalverteilung erfassen, historische Daten taugen oft nicht als Maßstab. Es sind aber diese unvorhersehbaren Risiken, die eine Bank implodieren lassen. Lehman Brothers ist das beste Beispiel dafür. VaR sei wie eine Weltkarte, an deren Rand der Autor einfach hingekritzelt habe: »Dahinter gibt es Drachen« – wohl wissend, dass Schatzsucher genau in diese unbekannten Gewässer fahren werden, sagt Susan Webber, eine Exbankerin und Beraterin, die den einflussreichen Finanzblog Naked Capitalism unter dem Pseudonym Yves Smith betreibt. Wie gefährlich das blinde Vertrauen in die Modelle ist, zeigt JP Morgans Moby Dick. Nur kurz bevor der »Wal« auflief, hatte CEO Dimon noch Entwarnung gegeben. Alles im Griff. Als einen »Sturm im Wasserglas« bezeichnete er in einer Konferenzschaltung zu den Quartalsergebnissen die Aufregung über die Aktivitäten des »Wals«. Dann schlugen interne Risikomanager der Bank offenbar Alarm – das Modell, mit dem der VaR-Wert errechnet wurde, sei unzureichend. Als sie nach einer anderen Methode das Risiko neu berechneten, kamen sie zu einem erschreckenden Ergebnis: Statt eines maximalen potenziellen Tagesverlusts von 60 Millionen drohte ein Ausfall von 129 Millionen Dollar! Das ist etwa so, als wenn ein Autofahrer eine kurvige Alpenstraße hinunterfährt und denkt, er fahre Tempo 60, um dann festzustellen, dass der Tacho defekt ist und er die Haarnadelkurven tatsächlich mit Tempo 120 nimmt. (Im Sommer 2013 klagte der New Yorker Staatsanwalt Preet Bharara zwei Kollegen Iksils an, Werte manipuliert zu haben. Iksil blieb verschont, er kooperierte mit den Behörden. An der Value-at-Risk-Problematik ändert das jedoch nichts.)

Für die Quants ist die Antwort auf solche und andere Ausrutscher klar: noch bessere Roboter. Bisher sind die Algos nur in der Lage, ihre Programme immer gleich zu wiederholen. Sie können sich nicht an veränderte Bedingungen anpassen. Doch die Cyber-Tüftler arbeiten daran, Bots zu entwickeln, die lernfähig sind, das heißt: selbstständig denkende Computer. Zu den Pionieren gehört etwa Rebellion Research, ein New Yorker Hedgefonds, gegründet 2005 von einer Handvoll Mittzwanziger im Keller eines Wohnblocks an der Eastside. (»Wenn wir auf Konferenzen auftreten, senken wir sofort den Altersdurchschnitt«, so Alex Fleiss, einer der Mitgründer.) Was Rebellion – daher der Name – so anders macht als andere Hedgefonds: Nicht die Jungs investieren, sondern »die AI«, wie sie es nennen. Die Artificial Intelligence kombiniert und kreiert selbst neue Algos und ist der eigentliche Fondsmanager von Rebellion Research. »Nicht wir legen das Geld an, sondern die AI«, bestätigt Fleiss. Sie füttern das System, getauft auf den Namen »Star«, mit immer mehr Daten, doch die Entscheidungen, in welche Aktien Rebellion Research investiert, trifft das Computerhirn. Das ist noch ein gewaltiger Schritt weiter als die HFT-Händler mit ihren maschinellen Schnellfeuerordern. Das Credo von Spencer Greenberg, CEO und oberster Software-Chef der Gruppe lautet: »Bei 95 Prozent aller Flugzeugabstürze handelt es sich um Pilotenfehler.« Der Mensch überschätze sich selbst und habe deshalb entsetzlich viele Fehlprognosen abgegeben.

Den Fortschrittsglauben der »Rebellen« teile ich nur bedingt. Und auch viele Regulierer haben Bedenken – sie verlangen etwa künstliche Verzögerungen bei High Frequency Trading und andere Bremsen für die Bots. Aber das ist keine befriedigende Lösung, weil die Algos sich nicht mehr einfangen und aus der Welt schaffen lassen werden. Vielleicht würde es sich empfehlen, die Finanzbranche als eine Spielart der Informationstechnologie zu sehen und auf diese Weise nach neuen Regulierungsansätzen zu suchen. Etwa Vorschriften zum Austesten von Algos, bevor sie auf die Märkte losgelassen werden. Eine Prüfung der AI. Haftungsregeln für die neue Welt der *Sci-Finance!*

»Follow the money!«

Wenn ich heute, rund fünfzehn Jahre nach meinem ersten Besuch, die schweren Glastüren zum Börsensaal der New York Stock Exchange aufmache, dann vernehme ich nur noch ein Hintergrundgemurmel, nicht mehr das einstige Basargeschrei. Von Gedränge kann an den meisten Tagen keine Rede mehr sein. Eine Handvoll Veteranen sind mir inzwischen vertraut. Da ist Art Cashin, dessen Einschätzungen bis heute alle auf dem »Parkett« respektvoll lauschen. Alan Valdes ist noch da, seine Haare sind nur ein wenig grauer geworden. Aber er lässt sich immer noch von nichts und niemandem aus der Ruhe bringen. Er war beim Crash 1987, bei der Long-Term-Capital-Management-

Pleite, bei den Frontrunning-Skandalen, den Terroranschlägen, der Finanzkrise und dem Flash Crash dabei. Er kennt die alte und die neue Wall Street. Er hat Geld gewonnen und Geld verloren.

Mit sechzehn Jahren hat Alan auf dem »Parkett« angefangen und sich gleich in die New Yorker Börse verliebt, an der damals noch ein ganz anderer Handel mit einer sehr klaren Hierarchie stattfand. Die Börse sei zu der Zeit noch ein Privatclub gewesen. Es gab wirklich alte, steife, reiche Männer, die über das »Parkett« schritten und sich für etwas Besseres hielten als alle anderen, erzählt er. Trotzdem habe es großen Spaß gemacht. Und wenn die Geschäfte rundliefen, dann ließen es die Typen richtig krachen. Alan erinnert sich an einen Händler, der nach einem wahnsinnig guten Tag seine Angestellten mit über den Hudson River nach New Jersey zum Flughafen Newark nahm und alle übers Wochenende zu einer Party nach Bermuda flog. Ein anderer orderte zum Lunch 10 000 Burger für alle auf dem »Floor«.

In den 80er- oder 90er-Jahren konnte Alan noch aufs »Parkett« gehen und herausfinden, wer gerade kaufte und verkaufte. Das ist heute mit der Technik, den »Dark Pools«, den Bots und den Quants nicht mehr möglich. Er habe auch das Gefühl, dass die Preise besser waren, als Menschen für die Preisfindung verantwortlich waren. Die Börsen selbst sind an dieser Entwicklung nicht ganz schuldlos. Die New York Stock Exchange etwa unterstützt bestimmte Trends wie den Hochfrequenzhandel. Die Investition in das Datencenter in Mahwah war vermutlich wichtig, um den modernen Anforderungen gerecht zu werden. Denn die Börse ist keine gemeinnützige Organisation mehr, sondern eine Aktiengesellschaft, die ihren Eigentümern, den Aktionären, Gewinne liefern muss. Es reicht nicht, den bestmöglichen, fairsten und transparentesten Handelsort zu stellen, sondern als börsennotiertes Unternehmen muss die Börse selbst Gewinne maximieren.

Seit dem Flash Crash wissen die Händler, dass sie nicht mehr wie früher den Markt lenken können. Doch die New York Stock Exchange ist immer noch die bedeutendste Aktienbörse der Welt. Vor allem chinesische Unternehmen betrachten ein Listing an der NYSE als Gütesiegel. Alan Valdes macht inzwischen Geschäfte mit chinesischen Investoren – eine Seite seiner Visitenkarte ist auf Mandarin gedruckt. Wenn er heute ein junger Bursche wäre, dann würde er nicht an der Börse anfangen. Er würde wahrscheinlich zu einem Hedgefonds gehen, erklärt er. Als er damals an die Börse wollte, war die NYSE das Machtzentrum. Die Macht liege heute bei den Hedgefonds und den großen Vermögensverwaltern, die über das Altersvorsorgegeld verfügen. Es gibt ein Sprichwort an der Wall Street, sagt Alan grinsend: »Follow the money.«

Das Ritual der Eröffnungs- und Schlussglocke wird noch jeden Tag zelebriert. Als der Hollywoodstar Robert Downey jr. die Eröffnungsglocke läutete, platzten einige Trader fast vor Neid. »Hast du gehört?«, sagte ein Händler. »Der Typ hat für den Film 50 Millionen Dollar kassiert. Das ist doch verrückt!« Dann ist Mittagszeit. In der Mitte der Tradingposts stapelt sich auf einem Tisch das Papier. »Burger, Pizza, Pasta, chinesisch?«, fragt der Händler seine Kollegen. In Mappen, die früher mit Orderaufträgen gefüllt waren, stecken Dutzende Speisekarten der umliegenden Delis und Restaurants. Und die Frage, was es zum Lunch geben soll, sorgt für mehr Gesprächsstoff als die jüngsten Konjunkturdaten.

Die Occupy-Bewegung

Ein paar Häuserblocks von unserem Büro und nicht weit von der Börse entfernt, befindet sich ein kleiner Platz mit jungen Bäumen. Früher spielten dort immer einige Männer Schach. Ich hole manchmal in der Mittagspause an einem der mobilen Imbissstände Falafel im Pitabrot. Da stand ich auch am 11. September 2001, als das zweite Flugzeug in das World Trade Center einschlug. Der Platz heißt Zuccotti Park und wurde im Herbst 2011 weltbekannt. Dort begann die Occupy-Bewegung mit ihrer Belagerung der Wall Street. Eigentlich hatten die Demonstranten direkt vor der Börse ihr Camp aufschlagen wollen. Doch die Behörden bekamen Wind von der Sache, und Polizisten sperrten hektisch das ganze Gebiet um die Börse mit Metallgittern ab. Um für meine Berichterstattung durch die Absperrungen zur NYSE zu kommen, musste ich mich ausweisen. Selbst der schnaubende Bulle am Broadway, das Symbol der Wall Street, kam hinter Gitter und stand rund um die Uhr unter Polizeischutz. Innerhalb weniger Tage gewann die Occupy-Bewegung einen gewaltigen Zulauf. Da kamen Kriegsveteranen, Studenten, Arbeitslose, Dozenten, Schüler, Bauarbeiter und Rentner aus allen Teilen der USA und aus dem Ausland.

Auch ein Profi-Fotograf, der sich eigentlich um Aufträge für den Lebensunterhalt seiner Familie bemühen und Geld verdienen sollte, stand fast täglich am Zuccotti Park. Er war überzeugt, dass dort Geschichte geschrieben wurde: »Die Bewegung ist viel größer, als das, was man hier sieht, nicht bloß ein paar Punks mit roten Haaren – es sind Millionen weltweit, die dahinterstehen.« Punks mit roten Haaren gab es tatsächlich, auch junge Leute wie Julian, der aus dem Bundesstaat Oregon dazugestoßen war. Der 29-Jährige hatte Sozialwissenschaften studiert, aber keine Arbeit in seinem Fach gefunden. So schlug er sich als Erntehelfer und Aushilfe in verschiedenen Bereichen durch. Oder Amanda, ebenfalls Ende zwanzig, aus dem New Yorker Umland, die erzählte, dass sie trotz zweier College-Abschlüsse seit Jahren als Kellnerin arbeite und sich nicht einmal eine Krankenversicherungs leisten könne.

Das Zeltlager wurde immer professioneller. Es gab Spenden für Schlafsäcke, Verpflegung, eine Krankenstation, eine Pressestelle (neben einem Pflanzkübel) und eine Leihbibliothek mit Literatur über Kapitalismus und Arbeiterbewegung, aber auch einem *Harry-Potter*-Band.

Auf den Plakaten stand: »Wir sind die 99 Prozent« und »Eat the Rich! Wall Street is Our Street!« Es wurden sogar Bustouren organisiert, um vor den Stadtvillen von Leuten wie dem Hedgefonds-Manager John Paulson zu protestieren, der bei seiner Wette gegen die Immobilien in der Finanzkrise 4 Milliarden Dollar verdient hatte. Ein Ziel erreichte Occupy doch: Die Finanziers und Börsianer machten sich wirklich Sorgen, die Polizei reagierte nervös und aggressiv. Auch uns Reportern gegenüber. Einige Kollegen wurden bei ihrer Arbeit verletzt, ich kam glimpflich davon. Während einer Aufnahme forderten Polizisten im Streifenwagen mich per Lautsprecher auf, den Dreh abzubrechen.

»The One Percent«

Zwei Jahre nach der Belagerung ist von Occupy kaum noch etwas zu hören. Zweifellos hatten aber die Protestierer den Finger in die Wunde gelegt. Es war ja kein Zufall, dass die Bewegung »Occupy Wall Street« und nicht etwa »Occupy Washington« oder »Occupy White House« hieß. Wall Street und die Börse sind die Verteilungsmechanismen, hier werden die Gewinne aus Wachstum und Fortschritt verteilt. Und die Verteilungsmechanismen sind defekt. Es hat sich eine dünne Schicht von extrem Wohlhabenden gebildet. Auf das Topprozent der Einkommen – the One

Percent – schoss sich die Occupy-Bewegung ein. Doch eigentlich ist Einkommen aus Erwerbstätigkeit nicht mehr ausschlaggebend – die enormen sozialen Unterschiede ergeben sich weit deutlicher aus den Vermögen. Die 1-Prozent-Klasse verfügt über Werte und entsprechende Möglichkeiten, diese weiter zu vermehren – nicht zuletzt durch die neuen Finanzmärkte. So wird der Abstand größer. David Stockman, der unter US-Präsident Ronald Reagan für das Budget zuständig war, erregte mit einem Kommentar in der *New York Times* vom 30. März 2013 die Gemüter. Ausgerechnet der konservative Stockman, ein Vertrauter Reagans, warnte darin, der amerikanische Kapitalismus sei von den One Percent korrumpiert worden. Die Reichen würden immer reicher, während die Zahl der Menschen, die in den USA auf Essensmarken angewiesen seien, auf 59 Millionen Bedürftige angestiegen sei. Viele hielten dagegen, Stockman übertreibe mit seiner Analyse. Doch einige Statistiken kann man nicht unberücksichtigt lassen. In den Jahren nach der Krise, von 2009 bis 2011, stieg das Nettovermögen der US-Haushalte um fünf Billionen Dollar. Doch nur für 7 Prozent der US-Familien verbesserte sich die Situation in diesem Zeitraum. Den restlichen 93 Prozent ging es statistisch gesehen finanziell schlechter. Dieser Trend hat in den 80er-Jahren angefangen, und seitdem klafft die Schere immer weiter auseinander. Der zusätzlich geschaffene Wohlstand ist seit Mitte der 80er-Jahre nahezu komplett an den »Top Ten Percent« (also an den oberen 10 Prozent der Einkommen) hängen geblieben. Das ist kein amerikanisches Phänomen, es hat sich eine globale Elite der Vermögenden gebildet.

Sie sind es, die in erster Linie von den neuen Verhältnissen auf den Finanzmärkten profitieren. Ein weiteres Warnsignal ist die sinkende Zahl öffentlich gelisteter Unternehmen. Laut einer Erhebung der Börsenaufsicht SEC fiel die Zahl der ausgegebenen

Aktien und Anleihen in den Jahren 2009 und 2010 um 11 Prozent. Das sind die Firmenanteile und Schuldverschreibungen, die öffentlich, für jeden zugänglich an den Börsen gehandelt werden. Im gleichen Zeitraum stiegen die Mittel, die privat aufgebracht werden, also an den Märkten vorbei, um 31 Prozent. Wenn sich nun immer mehr Start-ups für private Investoren entscheiden, dann bieten sich der Allgemeinheit immer weniger Investitionsmöglichkeiten. Geschätzte 97 Prozent der Bevölkerung haben dann keinen Zugang, kritisierten jüngst Daniel Gorfine vom Milken Institute und Ben Miller, Mitgründer der Investmentplattform Fundrise auf der Meinungsseite des *Wall Street Journal*. Ihrer Ansicht nach erleben wir einen Paradigmenwechsel, wie sich Unternehmer frisches Kapital beschaffen. Auch Gerald Davis, Professor an der Ross School of Business an der University of Michigan, ist aufgrund dieser Entwicklung zu dem Ergebnis gekommen, dass es 2009 nur halb so viele öffentlich gehandelte Unternehmen gab wie noch zwölf Jahre zuvor. Laut Davis verhält es sich heute mit Unternehmen wie mit Jets: Die Elite fliegt privat.

Der neue Weg: nachhaltige Finanzen

Einen passenderen Ort hätten wir kaum finden können. Im Museum of Modern Art (MoMa) treffe ich Jean-Christophe de Swaan. Hier, nur ein paar Schritte von van Goghs »Sonnenblumen« und den »Tänzerinnen« von Matisse entfernt, geht es um kulturelle Werte – aber auch um viel Geld. Bis vor einigen Jahren war das MoMa der Arbeitsplatz von de Swaan: Er war für eine Investorengruppe tätig, die ein Büro im MoMa-Gebäude gemietet hatte (irgendwie müssen sich ja auch Museen finanzieren). Das sei anfangs etwas kompliziert gewesen. Wenn es mal wieder später wurde, und die Kollegen nachts noch eine Pizza bestellten, sei der Sicherheitsdienst gar nicht darüber erfreut gewesen, erzählt de Swaan. Heute arbeitet er bei einem Hedgefonds und hält Seminare an der Princeton University zum Thema Ethik und Finanzmärkte.

In seinen Kursen versucht er, den Studenten zu erklären, warum die Kapitalmärkte für alle wichtig sind, auch wenn sie selbst keine Banker oder Investoren werden wollen. Der Aktienmarkt sei ein Faktor für den Aufstieg Amerikas zur Wirtschaftsmacht gewesen. Unternehmer konnten sich dadurch Kapital beschaffen, das sie anderweitig nicht bekommen hätten. De Swaan sieht die Märkte durchaus kritisch: Gier habe in den letzten Jahren viel zerstört, und Teile der Finanzmärkte seien zu zentralisiert. Doch seiner Meinung nach sollten die Menschen den Märkten mehr Beachtung schenken. Hedgefonds etwa würden häufig lange vor Politikern oder Regulierern ein Licht auf ökonomische Probleme werfen. Ich erinnere mich beispielsweise daran, dass der Hedgefonds-Manager David Einhorn Monate vor dem Untergang von Lehman Brothers auf Unstimmigkeiten bei der Bank aufmerksam machte (klar, aus purem Eigennutz, er hatte gegen die Lehman-Aktie gewettet. Aber wenn seine Warnungen ernster genommen worden wären …).

Wenn es in öffentlichen Debatten um Banken, Finanzkrisen oder die Börse geht, wird fast immer die gleiche Forderung erhoben: Die Regulierer sollen es richten. Die Politiker in Washington, London oder Berlin müssen ihre Hausaufgaben machen und die entsprechenden Weichen stellen. Das hört sich gut an, irgendwie auch aktiv. Es ist sicherlich gut und richtig, wenn sich der Staat bemüht, diesen entscheidenden Bereich unserer Wirtschaft fair und sicher zu halten. Reformen sind notwendig, auch wenn der Wettlauf zwischen Industrie und Regulierern stets ein

Wettlauf zwischen Hase und Igel bleiben wird. Gelegentlich schießen die Bürokraten auch mal daneben, oder der Schuss geht sogar nach hinten los. High Frequency Trading etwa durch Kunstpausen zu verlangsamen, dürfte nur neue Probleme und Schlupflöcher schaffen. Ein Problem, das sich zumindest aus heutiger Sicht kaum lösen lassen wird, sind die unterschiedlichen Interessen der einzelnen Länder. Die USA und Großbritannien weigern sich oft, strengere Maßstäbe anzulegen. Die Wall Street und die City stellen eben immer noch einen großen Teil der Volkswirtschaft für diese beiden Nationen dar. Um wirklich zu greifen, müsste die Regulierung auf globaler Ebene stattfinden. Sonst droht Regulierungsarbitrage. Das bedeutet nichts anderes, als dass Marktteilnehmer die unterschiedlichen rechtlichen Bedingungen zwischen den Ländern für Spekulationsgeschäfte ausnutzen. Andererseits wollen wir auch keine Überregulierung, die sogar die kleinste Transaktion bis ins Detail vorschreibt. Das würde der Wirtschaft die Dynamik rauben.

Eine Rückkehr zum Bankenmodell von vor zwanzig Jahren dürfte aber wohl kaum die Lösung sein. Im Gegenteil: Aufsicht und Politik sollten die neue Technologie nutzen – schließlich ermöglichen die neuen Hightechsysteme auch eine neue Transparenz. Das müsste eigentlich auch Banken kontrollierbarer und sicherer machen – wenn die Regulierer wissen, was sie abfragen sollen. »Wir können heute ganz andere Daten erheben und überwachen, vieles sogar in Realzeit, das mindert unser Risiko und sollte unsere Finanzierungskosten senken«, sagt der IT-Verantwortliche einer internationalen Großbank. Und eigentlich sollte das dazu führen, dass die Finanzierungen billiger werden und die Wirtschaft effizienter wird.

Doch der Ruf nach den Regulierern ist auch ein bisschen feige. »Was die Banken da machen, versteht doch eh niemand mehr«, höre ich häufig. »Was interessiert mich die Börse? Damit habe ich nichts zu tun, darum sollen sich die Politiker kümmern. Zu komplex, zu weit weg. Da kann man ohnehin nichts ändern. Und ich habe sowieso kein Geld.«

Der Finanz- und Wirtschaftsteil der Zeitung landet meist gleich im Altpapier. Aber es geht auch anders. Das sieht man etwa am Beispiel Lebensmittel. Wie umfassend haben sich die Verbraucher in den vergangenen Jahren informiert! Über Düngemittel, Saatgut, gefährliche Zusatzstoffe, Auslaufbedürfnis von Hühnern, Vorteile von probiotischem Joghurt, Nachteile von Sojamonokulturen. Wir lesen zwar sorgfältig die Zutaten der Produkte, die wir im Supermarkt kaufen, aber wir investieren in irgendeinen Fonds, ohne genau zu wissen, was sich dahinter verbirgt. Dass wir mit dieser Entscheidung mindestens so viel auslösen wie mit der für antibiotikafreie Eier aus Freilandhaltung, machen wir uns nicht klar. Die industrielle Geflügelhaltung gibt es nach wie vor, doch das Bewusstsein für ökologische Probleme hat sich in den vergangenen Jahren geschärft. Warum versuchen wir nicht, bewusstere Entscheidungen über unsere Finanzen zu treffen?

In den USA wurde eine Umfrage unter Highschool-Schülern durchgeführt. Drei Viertel der Befragten stimmten der Aussage zu, der Aktienmarkt sei so manipuliert, dass in erster Linie gierige Wall-Street-Banker profitieren würden. In der Schweiz oder in Deutschland dürften die Aussagen ähnlich ausfallen, denn es handelt sich nicht um ein amerikanisches, sondern um ein globales Empfinden. Das ist angesichts der Skandale und Krisen in den vergangenen Jahren verständlich. Aber die Problematik auf die Volksvertreter abzuwälzen, wird nicht von Erfolg gekrönt sein. Viel produktiver wäre es, sich zu fragen, wie wir den Markt denn gerne hätten. Das Motto wäre dann nicht »Occupy Wall Street«, sondern »Reinvent Wall Street« – also die Finanzmärkte nicht zu besetzen, sondern neu zu erfinden oder zumindest neue Ansätze zu finden.

In den letzten Jahren ging es nicht nur mit der Bedeutung der Börse und dem Ansehen der Banker nach unten. Auch der Journalismus ist in der Krise. Auch wir sind davon betroffen. Die *Financial Times Deutschland* etwa gehörte zu unseren Kunden. Viele Jahre habe ich jede Woche einen Bericht für die Wirtschaftszeitung aus allen Winkeln der Welt verfasst. Egal ob irgendwo in den Anden an der bolivianischen Grenze, auf einem Campingplatz oder am Computer der öffentlichen Bücherei in Bangor, Maine (dem Heimatort von Stephen King). Dann wurde die *FTD* im Dezember 2012 eingestellt. In den USA wurde die einst politisch so einflussreiche *Washington Post* an den Amazon-Gründer Jeff Bezos verkauft, den Internetmogul.

Während die traditionelle Tagespresse ums Überleben kämpft, gibt es Printmedien, die sich weiterhin gut verkaufen. Die deutsche Zeitschrift *Landlust* oder die Schweizer *Landliebe*, Publikationen rund um Heim, Hof und Herd, haben Hochkonjunktur. Was ist das Geheimnis ihres Erfolgs? Fast schon im Sekundentakt werden wir über iPhone oder Galaxy, Facebook oder Twitter, Fernsehen oder Radio über all das auf dem Laufenden gehalten, was sich irgendwo auf der Welt ereignet. Waren werden rund um den Globus verschoben. Teiglinge für deutsche Bäckereien kommen aus China. Die Amerikaner sammeln Schrott, schiffen ihn nach Asien, dort wird er in Billigware wie Kochtöpfe verwandelt und wieder zurückverfrachtet. Bei diesen undurchsichtigen globalen Verflechtungen ist es normal, dass wir uns ab und zu nach Überschaubarem und Handfestem sehnen. Wir versuchen, die schwer greifbaren globalen Mechanismen zu durchbrechen und uns wieder stärker auf unsere direkte Umgebung zu konzentrieren. Handgemacht, selbst gemacht, nachhaltig und werthaltig – von der Marmelade bis zum Edelfahrrad.

Das gilt in gewisser Hinsicht auch für die Finanzindustrie. Die Menschen wollen wissen, wem sie ihr Geld geben und was damit passiert. Kooperativen und Genossenschaftsbanken haben mittlerweile in den USA hundertdreißig Millionen Mitglieder – und das im Mutterland des Kapitalismus. Dreizehn Millionen davon sind in einem Unternehmen beschäftigt, das ihnen gemeinschaftlich gehört. In Cleveland, Ohio, mitten im sogenannten Rust Belt – dem ehemaligen Industriegürtel, der in den 80er-Jahren ausblutete – betreibt eine Kooperative ein Gewächshaus mit Solarenergie und produziert drei Millionen Salatköpfe im Jahr. In Saranac Lake, einem kleinen Dorf in den Adirondacks, einer abgelegenen Region des Bundesstaates New York, haben die Einwohner ein eigenes Kaufhaus eröffnet, nachdem die großen Ketten alle abgewunken hatten. »Die 600 Leute, die ihre hart verdienten Dollars hergegeben haben, um dieses Projekt Wirklichkeit werden zu lassen, sind wahre amerikanische Entrepreneure!«, sagte der Bürgermeister des 5400 Einwohner zählenden Ortes bei der feierlichen Eröffnung. Natürlich sind das Mini-initiativen verglichen mit den Powerplayern in Industrie und Finanzen. Aber es sind Zeichen für ein Umdenken – vielleicht sogar für den Beginn eines neuen Systems.

Alles eine Generationsfrage?

Danae Ringelmann beobachtete als Analystin bei JP Morgan & Cowen die Unterhaltungsindustrie. Privat kümmerte sie sich gerne um kleinere Filmproduktionen. Als sie versuchte, für ein Projekt Geld aufzutreiben, sprang der wichtigste Investor ab.

Ähnliche Erfahrungen machten Eric Schell und Slava Rubin, beide hatten ebenfalls mäßigen Erfolg, Geldgeber zu finden. Der eine suchte Investoren für ein Datencenter der andere für Krebsforschung. Als Rubin noch ein kleiner Junge war, starb sein Vater an Krebs.

Obwohl diese Menschen unterschiedliche Ziele verfolgten, litten sie alle unter dem gleichen Frust. Ihre Lösung: 2008 – im Jahr der Finanzkrise – gründeten sie Indiegogo. Das Unternehmen ist ein typisches Beispiel für Crowdfunding. Über Indiegogo können Menschen mit einem Projekt, einer Vision oder einem Start-up Geldgeber suchen. Es gibt zwei Möglichkeiten, Kapital aufzutreiben: Das Konto der Geldgeber wird nur dann belastet, wenn ein gewisses Ziel erreicht wird, also wenn beispielsweise 40 000 Dollar für eine kleine Filmproduktion zusammenkommen. Melden sich aber nicht genug Spender, platzt das Projekt – dann muss auch nicht gezahlt werden.

In den USA gibt es neben Indiegogo ein weiteres relevantes Crowdfunding-Unternehmen: Kickstarter. Die Firma wurde 2009 ins Leben gerufen. Auf den Webseiten werden die abenteuerlichsten Projekte aufgeführt. Eine Musikgruppe gibt an, mindestens 10 000 britische Pfund zu benötigen, um ein Album aufzunehmen. Ein Mann aus New York braucht 8500 Dollar, um einen geplanten Bildband über Island zu finanzieren. Ein Start-up in Seattle benötigt 20 000 Dollar, um ungewöhnliche, künstliche Fingernägel zu produzieren. Es gibt auch schon das erste Crowdfunding-Baby. Ein Paar aus Florida trieb über Indiegogo Geld für die künstliche Befruchtung auf.

Was haben die Geldgeber davon, wenn sie solche Projekte unterstützen? Viel mehr als eine Danksagung und eventuell ein T-Shirt springt nicht dabei raus. Crowdfunding ist Mäzenatentum für die Generation der »Millennials«. Darunter versteht man die Generation, die in den 80erJahren und später geboren wurde. Doch es gibt bereits Überlegungen, Investoren mit Anteilen an den Projekten oder Start-ups zu beteiligen. Das würde dann nicht viel anders laufen als etwa bei Venture-Capital-Firmen. Die Anteile der Geldgeber würden an Wert gewinnen, wenn das Projekt Erfolg hat. Doch bisher (Stand Herbst 2013) lässt der Gesetzgeber das nicht zu. Die Börsenaufsicht befürchtet, dass unerfahrene Investoren entweder ruinöse Entscheidungen treffen oder übervorteilt werden könnten. Es ist schon schwer genug, die bestehenden Finanzmärkte zu kontrollieren, und in der neuen globalen digitalen Welt ist es noch schwieriger, den Überblick zu wahren. Das gilt für Nutzer wie für Aufseher.

Crowdfunding wird die traditionellen Finanzmärkte und Institute nicht ersetzen. Aber der Trend zeigt, dass die Menschen mehr Einfluss und Kontrolle – sprich Transparenz – haben wollen. Die Banken sollten die neuen Entwicklungen in diesen Bereichen im Auge behalten. Denn zu den Kernaufgaben der Banken gehört es, Kapital für die Wirtschaft sowie für Privatpersonen zur Verfügung zu stellen. Und da entstehen neue Alternativen. Die Marktforscher des Instituts Massolution schätzen, dass 2013 rund 5 Milliarden Dollar über Crowdfunding aufgebracht werden. Das wäre gegenüber dem Vorjahr fast eine Verdoppelung. (Noch gibt es kaum verlässliche Daten in diesem Bereich.)

Auch das Peer-to-Peer-Geschäft – der Internetgeneration als P2P bekannt – hat sich nach einem kurzen Einbruch während der Rezession wieder belebt. Vor etwa zehn Jahren kamen diese Kreditmodelle in den USA auf. Bei P2P leihen sich die Mitglieder (»peers«) gegenseitig Geld. Die Bank als Mittelsmann wird durch Online-Plattformen wie Lending Club oder Prosper ersetzt. Wer Geld für ein neues Auto oder für die Schulausbildung der Kinder braucht, der zahlt über P2P in der Regel einen geringeren Zins als bei klassischen Bankkrediten. Wer Geld vergibt, der bekommt eventuell einen besseren Zinssatz, als wenn er das Bargeld auf einem Bankkonto herumliegen lässt. Und die Plattformen dazwischen verdienen über Gebühren mit. Während der Krise geriet die Zahlungsmoral vieler »peers« allerdings in Schräglage. Es kam zu zahlreichen Ausfällen.

Solche Alternativen sind mit Risiken verbunden. Doch Insider glauben an eine große Zukunft. Selbst Schwergewichte wie Larry Summers, Clintons ehemaliger Finanzminister, mischen da mit. (Summers sitzt im Aufsichtsrat von Lending Club.) Das gilt nicht nur für Privatpersonen. Google startete im Mai 2013 eine Refinanzierung in Höhe von 125 Millionen Dollar über Lending Club. Über Lending Club wurden im April 2013 Kredite in Höhe von 125 Millionen Dollar vergeben. Zum Vergleich: Die Bank of America hatte im zweiten Quartal 2013 ausstehende Kredite in Höhe von 163 Milliarden Dollar in der Bilanz stehen. Das ist so, als ob wir das Fußballteam meines sechsjährigen Sohnes mit Real Madrid vergleichen würden. Aber es zeigt eine neue Haltung – vor allem unter den technologieversierten Jüngeren –, auch wenn Crowdfunding oder P2P auf absehbare Zeit keine wirklichen Alternativen sind.

Am Wochenende gehe ich mit meinem Sohn gerne in die Tea Lounge, ein Café in Brooklyn, das in einer ehemaligen Garage untergebracht ist. Es ist mit abgewetzten Sofas mit kaputten Sprungfedern und wackeligen Resopaltischen vollgestellt. Es bedienen interessant tätowierte Baristas, die bestimmt an spannenden Projekten arbeiten, wenn sie nicht grünen Sencha-Tee und Caffè Latte servieren. Überall sitzen Mittzwanzigjährige an ihren Apple-Computern und arbeiten. Für die Generation, die statt fester Jobs meist Projektarbeit macht, sind Cafés wie dieses eine Alternative zum Büro geworden. Als ich neulich wieder einmal vergeblich darauf wartete, dass eine Gruppe ihre Geräte zuklappen und den Platz frei machen würde, fielen mir plötzlich die Wirtshäuser und die ersten Händler an der Wall Street von vor zweihundert Jahren ein. Wer weiß, dachte ich, vielleicht brüten die Jungs an ihren leuchtenden Bildschirmen in der Ecke der »Tea Lounge« gerade aus, wie die Finanzmärkte wieder zu dem werden, was sie sein sollen – ein Ort, an dem Sparer zu Investoren werden und an dem Kapital gesammelt wird, um neue Ideen zu verwirklichen.

Epilog: Was aus den »Helden« wurde

Henry Blodget, der doppelzüngige Internet-Analyst, berichtet als »Business-Insider« weiter über die Wirtschaft und setzt neben harten Fakten auf reißerische Schlagzeilen und Klickstrecken wie »10 wahre Wall Street-Geschichten, die verfilmt werden sollten«. Seine Onlineplattform nahm im Frühjahr 2013 zusätzliche 5 Millionen Kapital auf – unter anderem von Amazon-Gründer Jeff Bezos, dessen Durchbruch er vor zehn Jahren vorhersagte.

Die Facebook-Aktie hat sich im Juli 2013 – vierzehn Monate nach dem missglückten Börsengang – erholt und zwischenzeitlich wieder ihren Einstiegspreis von 38 Dollar erreicht. Schon im Mai zahlte die NASDAQ mit 10 Millionen die bisher höchste Strafe, die die SEC je gegen eine Börse verhängt hat. An geprellte Kunden sollen weitere 62 Millionen ausgezahlt werden.

Gerardo Gentilella alias Jerry the Barber, der John Thains Spardiktat zum Opfer fiel, genießt heute seinen Ruhestand auf Staten Island. Sein Schneiderkollege Joseph betreibt jetzt eine Änderungsschneiderei neben dem Schnäppchenkaufhaus Century 21 gleich gegenüber dem World Trade Center Memorial.

Maurice »Hank« Greenberg klagt währenddessen noch immer vor Gerichten, um sein Vermächtnis bei AIG ins richtige Licht zu rücken. Seit 2011 liegt eine Klage gegen die Regierung vor, die er auf 25 Milliarden verklagt. Seiner Meinung nach verstoße die Rettungsaktion im Herbst 2008 gegen die Verfassung. Die Regierung hatte AIG letztlich mit rund 180 Milliarden Dollar vor dem Konkurs bewahrt und im Rahmen dieser Aktion rund 80 Prozent an der Firma übernommen. Da Greenberg einmal verkündet hat, 102 Jahre alt zu werden, ist mit weiteren Fehden zu rechnen.

Jack Grubman, der Citigroup-Analyst, der Bewertungen an Vorschulplätze koppelte, trat im Mai 2013 nach zehn Jahren in der Versenkung wieder im Fernsehen auf – vermutlich auf der Suche nach neuen Kunden für seine Beratungsfirma Magee Group. Seine Zwillingstöchter gehen inzwischen auf eine öffentliche Schule.

Stephen Guilfoyle, der immer für eine Geschichte aus den guten alten Handelstagen zu haben war, bekam Ende 2012 die Kündigung. In den 80er-Jahren patrouillierte er für die US-Marines im Dschungel Panamas, um Waffenlieferungen an die Sowjetunion zu unterbinden. Nun will Guilfoyle zum Militär zurück.

Dennis Kozlowski, der gefallene Tyco-Ex-Tycoon, verklagte das New Yorker Justizministerium, da sein Gesuch auf eine vorzeitige Haftentlassung abgelehnt wurde. Im September 2013 wird er voraussichtlich erneut um Hafterlass (»parole«) ersuchen. Ob er zum frühestmöglichen Termin im Januar 2014 entlassen und wieder in sein Penthouse an der Park Avenue einziehen kann, war zum Drucktermin dieses Buches offen.

Bernard Madoff sitzt seine 150-jährige Haftstrafe in einem Gefängnis in North Carolina ab. Auch wenn sowohl Insassen als auch Wärter ihn um Finanzratschläge bitten – einen Kurs in Finanzen und Investitionen darf er bisher nicht abhalten. Seine Frau und seine Kinder haben den Kontakt zu ihm abgebrochen.

James Maguire jr. hat – nach verschiedenen Positionen als Spezialist auf dem »Parkett« – ganz der Vater – 2010 als Trader bei NativeOne begonnen, dem ersten von Indianern gegründeten Broker-Dealer-Unternehmen, das Mitglied der NYSE wurde.

Ob Maguires fünf Söhne den gleichen Karriereweg einschlagen werden, ist noch offen.

Blythe Masters, die »Hebamme« der Derivate, ist neben ihrer Position als Head of Commodities bei JP Morgan Chase seit Februar 2012 Vorsitzende der Global Financial Markets Association, einem Lobbyverband, der die Finanzindustrieverbände aus Europa, Asien und Nordamerika zusammenbringt. JP Morgan zahlte eine Millionenstrafe, um Vorwürfe beizulegen, Masters Abteilung habe den Strommarkt manipuliert. Zum Zeitpunkt der Drucklegung dieses Buches gab es Gerüchte, dass Masters mitsamt ihrer Abteilung JP Morgan verlassen würde.

Jerry Putnam, der die NYSE ins elektronische Zeitalter brachte, stieg schon ein Jahr nach dem Merger aus dem operativen Managementteam der Börse aus und zog zurück nach Chicago. Heute ist er CEO und Chairman von Trumarx Data Partners und betreibt den OTC-Energie-Handelsplatz COMET.

Frank Quattrone hat sich nach seiner Verurteilung und anschließenden Freisprechung in den letzten Jahren deutlich erfolgreicher geschlagen. Seine auf Technologieunternehmen spezialisierte Beratungsfirma Qatalyst Partners hat seither Kunden wie eBay oder Hewlett-Packard beraten und Deals in Milliardenhöhe wie die Übernahme von Motorola durch Google sowie Tumblr durch Yahoo eingefädelt.

Und was ist aus den Hauptpersonen der Finanzkrise geworden?

Auch Jimmy Cayne hat sich nach dem Untergang von Bear Stearns ins Privatleben zurückgezogen und vergnügt sich mit Bridgeturnieren, Golfen und Helikopterfliegen.

Richard »Dick« Fuld ist nach dem Untergang von Lehman Brothers weitgehend von der Bildfläche verschwunden. Kein Wunder, an der Wall Street wird er geradezu wie ein Paria behandelt. Nachdem er mit seinem Beratungsunternehmen Matrix Advisors keinen Erfolg hatte – einem Business Insiderartikel zufolge sei es »fast komisch« gewesen, wie er versucht habe an der Wall Street seine Dienste anzupreisen – arbeitete er zunächst für die unscheinbare Brokerfirma Legend Securities. Seit Frühjahr 2013 berät er GlyEco, ein Chemieunternehmen, an dem seine Frau Kathleen 6 Prozent Anteile hält und das giftige Reststoffe »sauber und grün« recyceln will. Ansonsten verbringt er viel Zeit auf seiner Ranch in Idaho und führt eine Privatfehde vor Gericht: Er hat seinen Exschwiegersohn verklagt, weil dieser ihm nach der Scheidung von seiner Tochter Geld für ein Apartment schulde.

TIM GEITHNER trat im Januar 2013 als Finanzminister zurück. Derzeit arbeitet er in New York an einem Buch und unterstützt als Fellow den Think Tank Council of Foreign Relations – wenn er nicht gerade auf einem Firmenevent spricht und dafür sechsstellige Honorare kassiert.

RICHARD »DICK« GRASSO äußerte sich nach mehreren Jahren Funkstille wieder häufiger öffentlich über sein Lieblingsthema, die NYSE. So kommentierte er im Sommer 2013 auf CNBC, dass das tägliche Handelsvolumen viel zu hoch sei – und dass »die Öffentlichkeit Todesangst habe«, zu ihr zurückzukehren. Auf die Fragen, die er vor der Fernsehkamera stellte, sucht nicht nur er die Antworten: »Was können wir tun, um Konsumenten zurück an die Aktienbörsen zu bringen? Wie bringen wir sie dazu, wieder an die Börse zu glauben?«

ALAN GREENSPAN, der ehemalige Notenbankchef, dessen Niedrigzinspolitik mit zum Aufblähen der Immobilienblase geführt hat, ist auch mit siebenundachtzig Jahren noch gern gesehener Gast auf Konferenzen und in den Medien. Er spricht sich nach wie vor für weniger Eingriffe der Regierung in die Wirtschaft aus – im Frühjahr 2011 stellte er die Existenz der Notenbank als zentrales Steuerinstrument infrage, im Sommer 2013 empfahl er der Fed, ihre Stimuluspolitik schnellstmöglich einzustellen.

Um Ken Lewis, den ehemaligen Chef der Bank of America, der den Merrill-Lynch-Kauf verantwortete, ist es ruhig geworden. Nachdem der Selfmade-Banker aus den Südstaaten sich an der Wall Street die Finger verbrannt hat und vom Chefposten zurückgetreten ist, verbringt er den Ruhestand in seiner Heimat in North Carolina.

Finanzminister Henry »Hank« Paulson schrieb nach der Abwahl der Bush-Administration zunächst seine Biografie. Zurzeit ist er Fellow in Public Policy an der Universität Chicago. Das 2011 von ihm gegründete Paulson Institute widmet sich internationalen Beziehungen, insbesondere dem Verhältnis zwischen den USA und China.

John Thain trat im Januar 2009 vom CEO-Posten bei Merrill Lynch zurück – der neue Inhaber der Bank of America wusste seinen teuren Geschmack nicht zu schätzen. Seit Februar 2010 ist er CEO der CIT Group, die sich auf Mittelstandsförderung fokussiert. Die Renovierungskosten soll er aus eigener Tasche an die Bank of America zurückgezahlt haben.

Anhang

Dank

Es gibt viele Freunde und Kollegen, die mich mit Rat, Tat und Daten versorgt haben. Alleine hätte ich das Buch in dieser Form nicht schreiben können.

Wir, Heike Buchter und ich, haben unsere Firma new york german press 2003 gegründet. Gemeinsam haben wir dieses Jahrzehnt bestanden. Und gemeinsam haben wir unsere Erlebnisse, Rückschlüsse und Prognosen in diesem Buch wiedergegeben.

Meine Eltern haben die rund 6000 Kilometer, die zwischen dem Taunus und New York liegen, per Post, E-Mail und Telefon überbrückt und mir gerade in der Endphase des Buchs enorm geholfen. Lieben Dank!

Mein Schwiegervater Heinz Buchter war einer der Erstleser und hat mir das Gefühl gegeben, die Kernpunkte unserer heutigen Finanzsysteme gut getroffen zu haben. Das hat mich darin bestätigt, auf der richtigen Fährte zu sein.

Eine entscheidende Rolle hat Maj-Britt Jungjohann gespielt. Sie hat das Buch von Anfang an in New York begleitet. Ihre Kontakte, Recherchen und Mitarbeit waren ein unerlässlicher und zentraler Bestandteil des Projekts.

Ein besonderer Dank gebührt Dr. Annalisa Viviani. Je länger wir zusammengearbeitet haben, desto begeisterter wurden wir von dem Projekt. Ohne Rücksicht auf Wochenenden oder Feiertage hat sie das Buch als Lektorin ebenso entschieden wie umsichtig begleitet.

Einen speziellen Dank möchte ich an dieser Stelle auch in Richtung New York Stock Exchange aussprechen. Als Reporter bin ich an der New Yorker Börse mit großer Offenheit empfangen worden. Und das ist bis heute so. Ohne die NYSE hätte ich niemals so tiefe Einblicke in das Finanzgeschehen bekommen. Sie ist zugleich ein menschlicher Ort. Das hat mich nicht zuletzt für dieses Buch motiviert, dass wir die Zukunft nicht gegen die Finanzmärkte, sondern mit ihnen zusammen gestalten sollten.

Anmerkungen

1 R. Christopher Whalen: *Inflated. How money and debt built the American Dream.* New York 2010.

2 »Blue Chips« (nicht zu verwechseln mit »blue collar«-Fabrikarbeitern, im Gegensatz zu »white collar«-Büroangestellten) werden die größten Unternehmen im Dow-Jones-Index genannt. Der Begriff stammt vom Pokern: Der »Blue Chip« hat den größten Wert, und wird eigentlich nur dann gesetzt, wenn man sicher gewinnen wird.

3 Board of Governors of the Federal Reserve System: Survey of Consumer Finances 1963 und 1983; www.federalreserve.gov/econresdata/scf/scfindex.htm (abgerufen am 19.07.2013).

4 0,9 Prozent besaßen sowohl Aktien als auch Fondsanteile, daher die höhere Summe.

5 Deutsches Aktieninstitut: Zahl der Aktionäre in Deutschland – Gesamtdeutschland (Anteil der Bevölkerung über 14 Jahre), Stand April 2013; www.dai.de/files/dai_usercontent/dokumente/Statistiken/MAR%20 2013_Factbook_08-3_Infratest-Umfragen.pdf (abgerufen am 19.07.2013).

6 Schweizer Nationalbank: Vermögen der privaten Haushalte (Stand November 2011).
Universität Zürich, Institut für Banking und Finance: Aktienbesitz in der Schweiz 2010.

7 Gallup: »U.S. Stock Ownership stays at Record Low.« Umfrageergebnisse vom April 2013; www.gallup.com/poll/162353/stock-ownership-stays-record-low.aspx (abgerufen am 17.07.2013).

8 Fred Vogelstein, »The Man Who Saved the New York Stock Exchange«, in: *Fortune*, 15.04.2002.

9 Peter Elkind: »The Fall of the House of Grasso«, in: *Fortune*, 18.10.2004; www.money.cnn.com/magazines/fortune/fortune_archive/2004/10/18/8188087/index.htm (abgerufen am 26.03.2013).

10 New York Stock Exchange: Number of Listed Companies (1929–2002); www.nyxdata.com/factbook (abgerufen am 02.04.2013).

11 Napster wurde 2008 wiederbelebt und vom Elektronik-Kaufhaus BestBuy für seinen legalen Musik-Download-Service übernommen. 2011 kaufte der Musikstreaming-Anbieter Rhapsody die Musiktauschbörse und vermarktet die Marke Napster seit 2013 insbesondere in Europa.

12 »Ten years after the crash«, in: *The Observer*, 13.03.2010 und www.thebubblebubble.com/dotcom-bubble/

13 Ca. 100 Millionen davon waren Pensions- und Bonuszahlungen aus seinen vorherigen Jahren an der NYSE.

14 »The Fall of the House of Grasso«, in: *Fortune*, 18. 10. 2004; www.money.cnn.com/magazines/fortune/fortune_archive/2004/10/18/8188087/index.htm (abgerufen am 31. 05. 2013).

15 Bank für Internationalen Zahlungsausgleich: Amounts outstanding of over-the-counter (OTC) derivatives, Stand Juni 2013; www.bis.org/statistics/dt1920a.pdf (abgerufen am 28. 07. 2013).

16 Dies hat Greenberg in einem *Forbes*-Interview selbst zugegeben, weitere Anekdoten finden sich in seinem Buch *The AIG Story*: www.acocktailparty.com/in-the-know/business/hank-greenberg-insurance-intrigue-and-aig/

17 Diese Zahlen hat laut Aaron Sorkins »Too big to fail« Willumstad persönlich im September 2008 Geithner vorgelegt, um ihm die Dringlichkeit der Lage klarzumachen.

18 Das Interview im Wortlaut: »It was amazing feeling to be able to be involved in invention – but not just invention, the creating of a marketplace that had real value to add. (...) And the thinking behind that was, it would be an unambiguously positive thing because credit helps drive growth, helps companies deploy capital, helps employment, etc. Now the irony is that credit became too loose.« www.pbs.org/wgbh/pages/frontline/oral-history/financial-crisis/blythe-masters/ (abgerufen am 30. 05. 2013).

19 Diese und weitere Anekdoten über Jimmy Caynes Führungsstil finden sich in dem Artikel »The Rise and Fall of Jimmy Cayne«, in: *Fortune*, 25. 8. 2008. Siehe www.money.cnn.com/2008/07/31/magazines/fortune/rise_and_fall_Cayne_cohan.fortune/index.htm (abgerufen am 31. 07. 2013).

20 Die Zitate sind dem Artikel »Burning Down His House«, in: *New York Magazine*, 30. 11. 2008, entnommen.

21 Die komplette Studie der Federal Reserve Bank of Dallas, »How bad was it? The Costs and Consequences of the 2007–09 Financial Crisis«, veröffentlicht im Juli 2013, ist unter folgendem Link abrufbar: www.dallasfed.org/assets/documents/research/staff/staff1301.pdf

22 Siehe »Landlords Double as Energy Brokers«, in: *New York Times*, 13. 05. 2013.

23 Vgl. dazu den Artikel »Raging Bulls: How Wall Street Got Addicted to Light-Speed Trading« im Magazin *Wired* vom September 2012.

24 »Flash-Crash Story Looks More Like a Fairy Tale«; www.bloomberg.com, 07. 05. 2012.

25 www.nytimes.com/jeffrey-sprechers-improbable-path-to-buying-the-nyse, 20. 01. 2013.

26 »Buying the NYSE, in One Shot«, in: *The New York Times*, 19. 01. 2013.

27 Eine große Baumarktkette vergleichbar mit BauHaus oder OBI in Deutschland.

28 Unter Arbitrage versteht man das Ausnutzen von Preis-, Zins- oder Kursdifferenzen, die auf unterschiedlichen Märkten für bestimmte Wertpapiere oder Güter bestehen.

29 Als »Dark Pool« wird eine bank- und börseninterne Handelsplattform für den anonymen Handel mit Finanzprodukten bezeichnet, der außerhalb des offenen Wertpapierhandels der Börsen abgeschlossen wird.

Ausgewählte Literaturhinweise

Im Folgenden werden Quellen aufgeführt, aus denen in den jeweiligen Kapiteln direkt zitiert wurde, sowie ausgewählte Bücher und Artikel, die neben verschiedenen Regierungsstatistiken, Marktforschungsberichten und Unternehmensdaten bei der Recherche genutzt wurden.

Das Rückgrat der USA – Warum die Börse wichtig ist

Elkind, Peter: »The Fall of the House of Grasso«, in: *Fortune*, 18.10.2004; www.money.cnn.com/magazines/fortune/fortune_archive/2004/10/18/8188087/index.htm (abgerufen am 26.03.2013).

Gasparino, Charles: *King of the Club. Richard Grasso and the Survival of the New York Stock Exchange.* New York 2007.

Geisst, Charles R.: *Wall Street – A History: From its Beginnings to the Fall of Enron.* New York 2004.

Whalen, R. Christopher: *Inflated. How Money and Debt built the American Dream.* Hoboken 2011.

NASDAQ – die Rivalin

German, Kent: »Top 10 dot-com flops, C-net.« http://www.cnet.com/1990-11136_1-6278387-1.html (abgerufen am 20.06.2013).

Ingebretsen, Mark: NASDAQ. *A History of the Market that changed the World.* Roseville 2002.

Willoughby, Jack: »Burning Up – Warning: Internet companies are running out of cash-fast«, in: *Barron's*, 20.03.2000; www.online.barrons.com/article/SB953335580704470544.html (abgerufen am 22.06.2013).

Der Aufstieg der Trader

Taibbi, Matt: »The Great American Bubble Machine«, in: *The Rolling Stone*, 9.–23. Juli 2009; www.rollingstone.com/politics/news/the-great-american-bubble-machine-20100405 (abgerufen am 22.07.2013).

Scheiber, Noam: »The Brain in Thain«, in: *New York Magazine*, 08.01.2007; http://nymag.com/news/businessfinance/25991/ (zuletzt abgerufen am 24.07.2013).

Neue Chips für die Zocker der Wall Street: Derivate

Shelp, Ronald Kent: *Fallen Giant – the amazing story of Hank Greenberg and the history of AIG*. New York 2006.

Das große Beben

Andrews, Edmund L.: *Busted – Life inside the great mortgage meltdown*. New York 2009.

Cohan, William D.: »The Rise and Fall of Jimmy Cayne«, in: *Fortune*, 25.08. 2008; http://money.cnn.com/2008/07/31/magazines/fortune/rise_and_fall_Cayne_cohan.fortune/index.htm (abgerufen am 31.07.2013).

Fishman, Steve: »Burning Down His House«, in: *New York Magazine*, 30.11. 2008; http://nymag.com/news/business/52603/(abgerufen am 15.06.2013).

Sorkin, Andrew Ross: *Too big to fail: The inside Story of how Wall Street and Washington Fought to save the financial system from crisis – and themselves*. New York 2009.

Bots und Algos

Adler, Jerry: »Raging Bulls: How Wall Street Got Addicted to Light-Speed Trading«. Wired-Magazin vom September 2012; www.wired.com/business/2012/08/ff_wallstreet_trading/all/ (abgerufen am 05.08.2013).

Buchanan, Mark: »Flash-Crash Story Looks More Like a Fairy Tale«, in: Bloomberg, 07.05.2012; www.bloomberg.com/news/2012-05-07/flash-crash-story-looks-more-like-a-fairy-tale.html (abgerufen am 02.08.2013).

Patterson, Scott: *Dark Pool. High-Speed Traders, AI Bandits and the Threat to the global Financial System*. New York 2012.

Popper, Nathanial: »Buying the NYSE, in One Shot«, in: *The New York Times*, 20.01.2013; www.nytimes.com/2013/01/20/business/jeffrey-sprechers-improbable-path-to-buying-the-nyse.html (abgerufen am 03.08.2013).

Der Klub

Packer, George: »No Death, No Taxes – The libertarian futurism of a Silicon Valley billionaire«, in: *The New Yorker*, 28.11.2011; www.newyorker.com/reporting/2011/11/28/111128fa_fact_packer?currentPage=all (abgerufen am 10.08.2013).